France Amérique
Déliaisons dangereuses

Jean-Marie Colombani
Walter Wells

France Amérique
Déliaisons dangereuses

Éditions Jacob-Duvernet

Traduction du texte de Walter Wells pour la version française : Pauline de Ayala

SOMMAIRE

AVANT-PROPOS

Depuis plus de douze mois, les relations franco-américaines sont en crise. La virulence des propos tenus par les responsables politiques – relayés par des médias faisant peu de cas de la nuance – inquiète autant qu'elle consterne. Les insultes ont trop souvent pris le pas sur le dialogue, la défiance semble être désormais le seul lien qui unit les deux pays. Aux yeux de nombreux Américains, la France, patrie de « ces foutus Français » (*those fucking French*), ne mériterait qu'un surnom : *The « F » Country*. Le jeu de mots – vulgaire ! – pourrait prêter à sourire s'il ne révélait pas le profond fossé qui sépare, désormais, les deux rives de l'Atlantique [1].

La guerre des Américains en Irak suffit-elle pour autant à expliquer l'ampleur de la crise actuelle ? Soudainement réveillé le 11 septembre 2001, le capital de sympathie dont les États-Unis pouvaient jouir en France s'est-il simplement étiolé autour des puits de pétrole irakiens ou ce jeu entre

---

1. Dans une lettre qu'il nous a adressée lors de la préparation du livre, Walter Wells racontait cette anecdote : « L'hiver dernier, pour passer un portillon de détecteur de métaux à l'aéroport de Charlotte, en Caroline du Nord, j'ai laissé mon téléphone portable sur le tapis passé aux rayons X. Alerté par la sécurité, je suis retourné le prendre. "Ce n'est pas un téléphone américain", a remarqué l'homme en uniforme, en lorgnant sur mon Motorola. Plutôt que de me lancer dans une explication, j'ai simplement répondu : "I live in the "F" country". Fox news nous rebattait les oreilles des bruits annonciateurs de la guerre d'Irak. Ma tentative pour éluder la question et éviter une quelconque investigation supplémentaire était devenue un trait digne de Rush Limbaugh : *the "F" country*. J'avais choisi d'adapter ma propre distraction – un téléphone oublié derrière moi – à cette nouvelle vérité américaine, plutôt que de me lancer dans une explication dont j'étais sûr quelle serait politique et insuffisante. »

chat et souris ne s'inscrit-il pas dans la longue durée ? Une longue durée faite de passions, rémissions et haines soudaines ou conjuguées. Tout porterait à croire, en effet, qu'entre une superpuissance économique et militaire, les États-Unis, et une référence culturelle de taille, la France, le trop proche le dispute au très différent, voire à l'inconciliable.

Si le très différent semble dominer aujourd'hui les relations franco-américaines, il ne doit pas faire oublier une alliance vieille de plus de deux siècles, les liens étroits qui unissent la France et les États-Unis et la fascination mutuelle qui anime les deux peuples. Gardons-nous cependant de tomber dans l'excès inverse, dans un angélisme béat et ignorant des conflits et des divergences de fonds qui séparent ces deux pays. Entre les imprécateurs et les thuriféraires, il y place à une analyse plus nuancée, pour ne pas dire plus honnête.

Écrire sur l'Amérique et les relations franco-américaines est un exercice périlleux. L'ancien ambassadeur de France aux États-Unis, Jacques Andréani, le souligne parfaitement : « Aucun discours sur l'Amérique n'est neutre. De façon explicite ou implicite, ceux qui s'expriment à son sujet prennent parti. Leur jugement est souvent formulé en termes de réussite totale ou d'échec total. » Et de surenchérir : « le discours français est le moins neutre de tous »[2]. Prétendre à l'objectivité dans le flot de réactions passionnelles qui caractérise les derniers mois serait une entreprise illusoire. Mais peut-on se satisfaire des visions manichéennes qui tiennent trop souvent lieu de seule analyse ? Certainement pas !

À la suite de discussions avec Jean-Marie Colombani, directeur du journal *Le Monde* et Walter Wells, directeur de l'*International Herald Tribune*, il nous a semblé que la forme du dialogue était de nature à produire une analyse plus juste. Au fur et à mesure de nos échanges, la crise du couple franco-américain s'est révélée plus

---

2. Jacques Andréani, *L'Amérique et nous*, Paris, Odile Jacob, 2000.

profonde qu'on veut bien le penser. Et ni le changement de stratégie du gouvernement Bush depuis l'automne 2003, ni les difficultés de l'armée américaine en Irak, ne modifient la donne. Le ressentiment accumulé demeure. Ainsi m'a-t-il semblé nécessaire de procéder à une exploration du désaccord franco-américain sous la forme d'un débat entre Jean-Marie Colombani et Walter Wells. Nombreux ont été les sujets d'interrogation apparus au fil des rencontres qui se sont déroulées à Paris, pour l'essentiel en juillet 2003, et que nous avons animées avec le concours du jeune historien Denis Geffroy.

Les auteurs ont choisi de rassembler dans ce livre les éléments les plus saillants de leur analyse. Comment expliquer la virulence des sentiments antiaméricains et francophobes ? Quelle est la responsabilité des deux présidents et de leur entourage dans la crise actuelle ? Au-delà du désaccord sur la guerre en Irak, quels sont les valeurs et les intérêts qui unissent ou qui divisent la France et les États-Unis ? La « bienveillante hégémonie » de l'empire américain est-elle l'horizon inéluctable du monde contemporain ? L'Europe doit-elle être un allié, un partenaire ou un contrepoids aux États-Unis ? La dispute actuelle ne cache-t-elle pas une admiration et une fascination réciproque des deux pays ? Enfin, quelles sont les conditions nécessaires pour restaurer une relation pacifiée, un partenariat serein et sincère, une coopération loyale et renforcée entre la France et l'Amérique ?

Une amitié fondée sur l'ignorance, l'indifférence et la condescendance ne peut que susciter crises, incompréhension et ressentiment. Plus que jamais, il nous faut renouer le dialogue. C'est là toute l'ambition de ce livre d'entretiens, qui se veut aussi une lettre d'amitié entre deux pays qui restent, quoi qu'on en pense, quoi qu'on en dise, profondément liés.

Luc Jacob-Duvernet

CHAPITRE I

Les sources de l'antiaméricanisme et de la francophobie

Onze septembre 2001. Des Français se pressent par milliers devant l'ambassade américaine. Ils se sont rassemblés spontanément pour exprimer leur solidarité avec un peuple meurtri par le terrorisme. Le lendemain, le quotidien *Le Monde* résume cet élan dans un éditorial intitulé : « Nous sommes tous américains ». Jacques Chirac assure les États-Unis du soutien de la France et devient, le 18 septembre, le premier chef d'État à rendre visite à George W. Bush après les attentats. La presse d'outre-Atlantique s'en fait largement l'écho. À l'aube d'une nouvelle phase historique, les relations franco-américaines sont à leur zénith. « L'esprit de La Fayette, de Pershing et des libérateurs de Normandie semble planer à nouveau sur les deux pays... Mais l'embellie est de courte durée » constatait, il y a un an, l'historien français Justin Vaïsse[1].

Février 2003, une vague d'antiaméricanisme et de francophobie s'empare de la France et des États-Unis. Le débat sur l'opportunité et les modalités d'une intervention armée en Irak oppose violemment les deux équipes dirigeantes. Procès d'intention, jugements à l'emporte-pièce, insultes sont repris à l'envi par la presse et les

---

1. Justin Vaïsse, « États-Unis : le regain francophobe », *in Politique internationale*, n° 97, (automne) 2002, p. 97.

médias au détriment d'une critique précise, honnête et motivée. En guise d'argumentation, chaque camp puise dans les répertoires déjà anciens des préjugés et des clichés de l'antiaméricanisme et de la francophobie. Aux yeux d'une partie de l'administration Bush et de la presse américaine, la France est perçue comme un allié inconstant, indocile, arrogant et imprévisible, les Français seraient d'indéfectibles lâches, des « singes capitulards mangeurs de fromage » [2], ingrats et antisémites. Les habitants de la « vieille Europe » [3] sont qualifiés quant à eux d'Euro-pygmées. De leur côté, certains intellectuels français, pour qui le président Bush incarne jusqu'à la caricature le yankee philistin, l'impérialiste conquérant, le puritain fondamentaliste, tombent dans les mêmes excès.

Les inimitiés personnelles, les divergences de vue entre les gouvernements français et américain sur la politique à mener en Irak, et plus largement sur le gouvernement de la planète, ne suffisent pas à expliquer un tel déchaînement de passions et de ressentiments. L'antiaméricanisme français comme le « regain francophobe » s'inscrivent chacun dans une généalogie propre.

Walter Wells

Depuis le 11 septembre 2001, le désaccord sur l'Irak nous a menés à la crise. Mais ce n'en est pas la seule cause. Les personnalités de nos deux présidents, George Bush et Jacques Chirac, ont joué un rôle révélateur. Les deux hommes étaient voués à ne pas s'entendre. Chirac : pragmatique, plus âgé que Bush, a derrière lui une longue vie d'homme politique, en grande partie couronnée de succès, et l'expérience qu'il en a tirée. Il a aussi une attitude quelque peu condescendante. Son discours aux « nouveaux Européens » nous a confirmé

---

2. Jonah Goldberg, chroniqueur du *National Review*, a emprunté l'expression à l'émission télévisée *The Simpsons*.
3. Le 22 janvier 2003, Donald Rumsfeld, secrétaire américain à la Défense, a déclaré que la France et l'Allemagne, opposés à un conflit en Irak, représentaient à ses yeux la « vieille Europe ».

que cette condescendance faisait partie de sa personnalité. Face à lui, Bush, relativement jeune et inexpérimenté, aux goûts simples, a, selon Chirac, grand besoin d'un mentor. Pour la France, c'était pain bénit, elle allait jouer le rôle qu'elle avait toujours souhaité jouer : être le coach du président américain. Mais dans ce contexte, il ne s'agissait pas de la même bénédiction.

Pour comprendre Bush, un autre aspect de sa psychologie me semble essentiel. Se méfier des Français fait presque partie de l'ADN américain. Et c'est d'autant plus vrai quand cet ADN est celui d'un homme aussi fermé sur le monde et aussi casanier que peut l'être George Bush. Un homme qui n'a jamais eu de contact personnel avec les Français, que ce soit en visitant le Louvre, en dînant dans un restaurant trois étoiles, ou en venant passer en France la traditionnelle année sabbatique avant de commencer des études supérieures. En outre, le melting-pot américain ne comprend aucun élément français, le « vote français » n'existe pas aux États-Unis, et personne ne défile le 14 juillet sur la Cinquième Avenue. Fondamentalement, il existe une réserve perceptible chez les Français face à la politique intérieure – quelque peu déstructurée – des Américains, réserve qui n'est pas étrangère à la méfiance de mes compatriotes envers votre pays. On pourrait discuter longtemps du bien-fondé de cette méfiance et des événements qui l'ont fait émerger, mais regardons les choses en face : elle est l'un des principes fondamentaux du psychisme américain. En 1945, les autorités militaires américaines ont distribué aux GI des forces d'occupation en France un guide afin de réagir face aux critiques habituellement formulées envers les Français, celles-là mêmes que l'on peut entendre aujourd'hui sur Fox ou lire dans le *New York Post* – je sais bien que nous ne les appelions pas « forces d'occupation », mais au fond, c'est bien le rôle qu'a joué l'U.S. Army après la Seconde Guerre mondiale, une sorte de « drôle d'occupation ».

Outre les différences de personnalité de nos présidents, et bien que les États-Unis aient rendu leur dessein et leurs intentions clairs dès le début, la France a pensé qu'il serait possible d'infléchir la ligne de conduite de l'Amérique. Étant donné la transparence de l'attitude américaine et les efforts de manipulation déployés par les Français, la rupture était inévitable.

La position américaine était peut-être simpliste, et même fausse – du reste, nombre d'Américains ont pensé qu'elle était mauvaise et que Bush était le diable. Mais juste ou non, elle n'était pas ambiguë. Les Français attendaient de Powell qu'il prenne plus de poids dans l'administration gouvernementale, mais leur tentative de l'utiliser pour influencer la politique américaine, de modifier son intention, était un contresens monumental dans l'analyse de la situation. Le résultat a été qu'aux yeux de l'administration Bush, la France n'avait pas une position claire et, pire, qu'elle faisait preuve de duplicité.

Jean-Marie Colombani

La position française était-elle peu claire ? Quelle est la part relative des hommes ? Je me méfie de l'idée que le divorce était « inévitable ». Au point de départ, ils ont tout pour bien s'entendre. La droite française a toujours eu pour modèle la droite américaine. Le fait qu'elle l'emporte aux États-Unis est toujours de nature à remuscler le camp conservateur. En outre, le fait que Bush ait adopté, vis-à-vis des Nations unies, une position gaulliste orthodoxe, – de Gaulle dénonçait le « machin », et refusait toute tutelle onusienne sur les affaires du monde – aurait pu les rapprocher. Après le 11 septembre, Chirac a été le premier à survoler les ruines du désastre et l'on a aussitôt pensé que le président français avait pris une option sur des relations privilégiées avec Bush. D'autant plus que Chirac a continué d'en faire des tonnes sur le mode « jeune étudiant, j'ai passé un an aux États-Unis, j'ai connu la vie américaine, j'y ai travaillé. Je suis comme vous, je suis des vôtres ». Lors d'un interview avec Larry King, il avait développé ce personnage parlant parfaitement anglais, en phase avec la culture américaine, dans un style assez proche de ce que peuvent être les hommes politiques américains, directs et chaleureux. Que l'on se place sur le plan de l'idéologie, de la personnalité ou des circonstances, ces trois éléments faisaient que les conditions semblaient réunies pour une bonne entente entre Chirac et Bush.

Comment cela a-t-il pu déraper ? La façon dont la position française a été exprimée n'était probablement pas claire. Il y a eu très distinctement deux phases. Celle que je viens de décrire, qui débute le 12 septembre 2001, puis une seconde phase à partir du moment où l'intention américaine de faire la guerre à l'Irak se précise. S'est développée alors chez Chirac la vision d'un Bush dangereux. Dangereux parce que exprimant le point de vue d'une minorité aux États-Unis, et l'exprimant de façon sectaire. Il y a eu probablement un double jeu chez Chirac : une posture donnée face à son interlocuteur et en même temps une réflexion qui devenait de plus en plus critique, voire de plus en plus inquiète. Je n'exclus pas non plus qu'il y ait eu, de la part de Chirac, une démarche ambiguë : laissant entendre aux États-Unis qu'*in fine*, la France serait au rendez-vous, tout en poursuivant une ligne différente jusqu'à créer le grand écart auquel nous sommes arrivés.

Walter Wells

Les critiques, parfois sévères, n'épargnent pas George Bush aux États-Unis. Bill Keller, qui a pourtant soutenu la guerre, a écrit, avant d'être nommé rédacteur du *New York Times* : « Même si vous croyez que cette guerre est justifiée, sa gestation a été un affreux étalage de l'opportunisme américain, de sa brutalité, de son éparpillement et de ses dissonances. »[4]

Vous pourriez faire vos choux gras de ces accusations pour le moins acerbes, compte tenu des questions posées sur l'entente américano-britannique avant la guerre. La crédibilité est le talon d'Achille de Bush, ce qui explique

---

4. Bill Keller, « The I-Can't-Believe-I'm-a-Hawk Club », éditorial du *New York Times*, 8 février 2003.

pourquoi il a été repoussé dans une attitude défensive : ces accusations sont, en effet, précises et faciles à comprendre par les électeurs. Ses adversaires ne manqueront pas de dire : « Il a menti ». Ou peut-être seront-ils un peu plus exacts et nuancés : « Il a accepté de recourir au mensonge dans ses arguments pour entrer en guerre. » Du reste, n'ont-ils pas déjà commencé à le dire ? La contestation grandit et, ce que la presse britannique a qualifié de « dossier louche » est une faiblesse non seulement pour Blair, mais aussi pour Bush, car c'est lui qui sera le premier confronté aux élections.

Le contexte était différent avant le début des bombardements. On ne ressentait alors aucun sentiment de vulnérabilité. Ce serait une grossière erreur de penser que Bush, dans sa détermination à entrer en guerre, n'était soutenu que par une minorité. Les Américains soutiennent toujours leur président en cas de crise, notamment en politique extérieure, sujet sur lequel il est censé en savoir plus long qu'eux. Ils soutiennent donc toujours les interventions à l'étranger – jusqu'au jour où l'opinion bascule, comme au Vietnam. Convaincre l'opinion, déjà traumatisée par le 11 septembre, que la destitution de Saddam Hussein était le prochain cœur de cible de la guerre contre le terrorisme et qu'il était essentiel d'ouvrir la voie à la paix au Proche-Orient, s'est donc révélé assez aisé.

D'autant que tout cela renvoie à la traditionnelle exception américaine. Notre peuple considère qu'il agit pour le bien lorsqu'il combat hors de ses frontières. Nous sommes des libérateurs, nous protégeons le faible et l'innocent. Cela peut vous paraître naïf, voire simpliste. Mais là encore, il s'agit de notre code ADN. Critiquer ce point de vue équivaudrait à reprocher aux Français d'avoir une taille moyenne de 1,70 m au lieu de 1,80 m.

Chirac et Villepin ont pensé que la guerre d'Irak était une folie. Mais s'ils ont pensé que c'était une folie aux yeux de l'électorat américain, que c'était contraire à l'exceptionnalisme américain, ou que c'était simplement l'initiative personnelle d'un président américain minoritaire, leur analyse était à l'opposé de l'opinion américaine. Quand les Français se sont permis de jouer le rôle de protecteur de Saddam Hussein, et de s'opposer ainsi à la mission historique des Américains de faire le bien, de protéger et de libérer les opprimés, la part de petitesse puérile que nous portons tous en nous s'est exprimée en injures.

Je reviens sur la prédisposition de nos deux présidents à ne pas s'entendre. Vous souvenez-vous de l'incident survenu au sommet du G7 à Denver, lorsque Clinton était président ? Selon la coutume, le président du pays d'accueil, Clinton, a offert un cadeau à chacun des chefs d'État invités. La tradition veut que ce cadeau ait une signification symbolique, et c'est une paire de bottes de cow-boy que Clinton a offert à Chirac. Pour autant que je me souvienne, Chirac a ouvertement écarté ce cadeau qu'il jugeait maladroit et vulgaire.

Cela m'a suggéré, à l'époque, qu'en dépit de sa volonté de paraître « américain », volonté qu'il affirmait en rappelant avoir vendu des cornets de glace, mangé des hamburgers et passé des vacances dans l'Amérique profonde, il y avait peut-être plus qu'une touche de dédain et d'arrogance chez Chirac à l'égard des symboles de l'Amérique. Il n'était ni reconnaissant, ni respectueux de la règle qui veut ce ne soit pas le cadeau, mais l'intention qui compte.

À l'opposé, je suis certain que Bush éprouve un certain dédain pour Chirac, peut-être même pour toute la nation française, qu'il perçoit comme apathique, snob et imbue d'elle-même. Bush est un homme qui, apparemment, pense que la vilie de Crawford, au Texas, est le centre de l'univers, un homme qui n'a pas montré beaucoup de curiosité pour le reste du monde et qui, d'ailleurs, n'a jamais cherché à le parcourir. Les capacités politiques de Bush et son instinct de survie ne font aucun doute : c'est un combattant et, plus encore, un vainqueur. Mais il n'a aucune dimension mondiale. Cela n'est certainement pas sans conséquence sur notre sentiment d'insécurité. Il ne s'agit pas de se laisser aller à une psychanalyse à distance, aussi tentant cela soit-il, mais il faut reconnaître que l'une des façons d'exprimer l'insécurité consiste à mépriser les peuples qui nous menacent. Maintenant, est-ce que la subtilité de Chirac, sa *frenchness* ont menacé d'une manière ou d'une autre notre macho de Crawford ? Sa condescendance, c'est clair, a pu offenser Bush et son entourage.

À ma connaissance, les deux hommes ne se sont jamais manqué personnellement de respect, mais au moment du conflit irakien, le fait que la France résiste – et qu'elle ait essayé, auparavant, d'empêcher l'OTAN de porter secours à la Turquie, potentiellement menacée par l'Irak, et fait campagne pour que ses propres alliés africains résistent aussi – a entraîné une réaction en chaîne très brutale. Comment l'Amérique – grande, riche, puissante, habituée à suivre sa propre voie – va-t-elle réagir ? Peut-être seulement par la colère et le dédain, voire par des insultes.

Jean-Marie Colombani

Curieusement, les deux hommes ont probablement la même conception de la politique : tous deux sont des hommes de clan, qui connaissent et pratiquent la brutalité de la vie publique. L'arrogance est probablement un autre de leurs points communs. Celle de Chirac est manifeste : lorsque le président français parlait, avec ses homologues européens, du nouveau gouvernement américain – avant le 11 septembre – il n'avait pas de mots assez durs. Cela donnait, en substance, un discours lapidaire : « Écoutez, disait-il à ses visiteurs, c'est très simple, les Américains sont des cons ; si l'on veut savoir quoi faire, il suffit de prendre le contre-pied de ce qu'ils avancent. » La réalité française est ainsi faite : notre président parle comme le vôtre ! Côté arrogance, Bush n'est pas en reste. C'est particulièrement vrai au sujet de l'Europe. L'Europe idéale, selon Bush, c'est la relation qu'il entretient avec un Silvio Berlusconi, celle d'un chef de clan avec un homme de paille. Et de ce point de vue, Chirac ou pas Chirac, quel que soit le président français,

personne ne peut souscrire à cette vision. Pas un Allemand, pas un Français, pas un Anglais.

Pour revenir à l'anecdote des bottes, Chirac a construit
sa vie publique sur l'image d'un type gentil, simple et absolument pas cultivé. La réalité est inverse : il est très cultivé,
très complexe et, en politique, c'est un tueur. Il aurait été
donc flatté qu'on lui offre les douze volumes d'un poète
chinois inconnu, pour bien marquer qu'entre dirigeants, on
sait de quoi il retourne et on ne se raconte pas d'histoire,
puisque l'on fait tous de la politique. Il a été pris au piège
de sa propre image. C'est un être cultivé et un brin snob.
Quand Chirac était maire de Paris et qu'il était au fond du
trou, que personne ne croyait plus en lui, il m'arrivait
d'aller le visiter. Il recevait le dimanche dans une tenue
étonnante, en survêtement. Un survêtement de l'équipe de
France de football, de rugby… donnant l'image d'un
homme chaleureux, proche des gens. Mais quand on
regardait ses pieds, il était chaussé de brodequins cousus
d'or. Le vrai Chirac est aussi dans ce qu'il porte aux pieds
et, comme beaucoup de bourgeois en France, il est attiré
par les mœurs de l'aristocratie. Mais le visage qu'il vous
montre d'abord, c'est le survêtement. C'est un homme qui
porte constamment un masque. Et il n'a pas aimé qu'on lui
renvoie l'image publique qu'il a cherché à forger, celle de
la simplicité. Le paradoxe, au fond, est que Bush est un
peu victime des mêmes stéréotypes que Chirac : comme
Reagan avant lui, on a eu vite tendance, en France, à le
considérer comme quantité négligeable, comme quelqu'un
qui ne pouvait produire, selon Hubert Védrine, l'ancien
ministre français des Affaires étrangères, qu'une pensée
« simpliste ». Erreur. Face à Bush donc, Chirac est d'une
certaine façon pris à son propre piège.

Walter Wells

Je suis à peu près sûr que Bush n'a pas de brodequins
cousus d'or. Et si on lui en a jamais offert, je présume qu'il
les aura rangés avec les bottes de cow-boy de Chirac !

Jean-Marie Colombani

Pour en terminer avec les hommes et leurs caractères, il faut savoir que Chirac a un défaut : il n'est pas un homme de stratégie. Il lui manque une vision, un projet. Il a une qualité : il est un homme de réaction. Par exemple, en Bosnie, il a heureusement pris le contre-pied de l'immobilisme de François Mitterrand parce qu'il a jugé intolérable que des soldats français portant le casque bleu de l'ONU soient humiliés sur le terrain. Il aurait été un brillant maréchal d'Empire. Il manque l'Empereur. Mais il n'est pas prêt à reconnaître que l'Empereur puisse être texan ! Les présidents ne sont pas les seuls en cause dans la dégradation des relations franco-américaines. Il faut aussi s'interroger sur le rôle de leur entourage.

Walter Wells

C'est certainement là un point crucial pour Bush : au-delà des soucis de l'électorat américain, il se préoccupe peu du reste du monde. Il dépend donc de ses collaborateurs, de conseillers comme Dick Cheney et Condaleeza Rice. Ses proches conseillers en politique extérieure – qui comptent aussi Rumsfeld, Wolfowitz et Perle – représentent le noyau dur du mouvement néo-conservateur et sont les théoriciens de la nouvelle doctrine de politique extérieure américaine : la guerre préventive. Ce sont des hommes de droite absolument convaincus que l'Amérique est menacée, terriblement menacée. Le problème n'est donc plus de savoir si nous avons des clients ou des satellites, mais simplement ce que les États-Unis vont faire, doivent faire pour se protéger. Les États-Unis, et eux seuls, sont habilités à déterminer la politique qui protégera le mieux leurs intérêts. Ils ne vont pas se soucier bien longtemps des opinions de leurs alliés, ou chercher des solutions multipolaires.

Si l'on pense aujourd'hui aux relations de l'Amérique avec le reste du monde, on s'aperçoit que le modèle de la Guerre froide est périmé. À la place, l'administration américaine cherche un autre modèle, conçu en fonction de la menace terroriste. Dans ce contexte, les seuls exemples sont le Royaume-Uni, confronté à l'IRA, et Israël – un bien meilleur modèle, d'ailleurs. Aucun doute que la présence de si nombreux juifs parmi les conseillers de Bush joue un rôle. Depuis le 11 septembre, Bush a, lui aussi, une meilleure appréciation de la situation d'Israël – menacé par une puissance irrationnelle et remplie de haine –, et un certain respect pour la détermination de la droite israélienne, représentée par Ariel Sharon, de ne pas céder d'un pouce devant cette menace. Cette identification s'est réellement renforcée lors des événements de septembre 2001. Tout à coup, le terrorisme n'était plus seulement ce phénomène dont la presse relatait les ravages à Jérusalem ou Tel Aviv. Il sévissait aussi à New York et à Washington.

De plus, à mon sens, on a eu aux États-Unis le sentiment que la manifestation d'antiaméricanisme qui a suivi le débat à l'OTAN et aux Nations unies renvoyait précisément à ce phénomène. Mais le seul examen de la réalité des faits, de cette confrontation de points de vue, ne suffit pas. Nous devons aussi tenir compte de la perception subjective qui accompagne cette réalité, des débris éparpillés après le clash. Parmi ces débris, on a l'impression que l'antiaméricanisme en France n'est qu'une forme déguisée d'antisémitisme. Les Français n'aiment pas la politique américaine parce qu'elle favorise Israël ; si les Américains ne favorisaient pas Israël, le monde serait moins compliqué, moins trouble. C'est une autre manière d'énoncer une vieille et triste réalité : ce merveilleux pays des Droits de l'Homme a envoyé plusieurs milliers de juifs mourir en Allemagne. Pas en réponse aux ordres de Berlin, mais volontairement, résolument, avec empressement, et non sans un certain plaisir.

Jean-Marie Colombani

Non. On ne peut pas mêler antiaméricanisme et antisémitisme. Et s'il est vrai qu'il existe un malaise dans la communauté juive de France, qui a été encouragé par une poussée d'actes antisémites, proportionnellement, ces derniers n'ont jamais atteint le niveau qu'ils atteignent en Amérique. L'antisémitisme s'est incontestablement accru dans certains pays européens, dont la France ; mais c'est également le cas aux États-Unis. En revanche, il est vrai qu'il y a, en France, une banalisation, dans certaines régions, du discours antisémite, notamment à l'école. Comme il est vrai que les colères contre le gouvernement israélien, très vite ressenties parmi les jeunes musulmans, font des Juifs européens un substitut commode.

Le point qui me paraît juste, et incompris en France, est que la recherche d'un modèle antiterroriste par les dirigeants américains les conduit à prendre exemple sur Israël, tel qu'il est conduit aujourd'hui par Ariel Sharon. De ce point de vue, la perception française, partagée par les dirigeants français, me paraît être la suivante. Premier point : les Français sous-évaluent l'impact psychologique et patriotique qu'a provoqué le 11 septembre aux États-Unis ; deuxième point : la droite qui gouverne aux États-Unis n'est pas perçue comme « néo-conservatrice », mais comme à proprement parler « réactionnaire ». Une droite dure, religieuse, pourrait-on dire, presque fondamentaliste ; elle est réputée avoir fait alliance avec la droite israélienne et être influencée par elle, avec comme point initial d'accord le refus d'un État palestinien, autre que la Jordanie. Donc critique de la droite américaine et critique de la droite israélienne sont mêlées. C'est par exemple la vision d'un Hubert Védrine ; mais c'est aussi celle du Quai d'Orsay d'hier et d'aujourd'hui ; et l'idée d'une droite réactionnaire aujourd'hui aux États-Unis est aussi celle de Jacques Chirac, bien que par bien des aspects de sa politique intérieure, la droite chiraquienne n'hésite pas à s'inspirer de la droite américaine.

Enfin sur Vichy, il y a suffisamment de raisons de s'inquiéter de l'état de nos relations pour ne pas y ajouter celle-ci. Oui, l'État français a commis des crimes, que Chirac a reconnus dans un discours commémorant la rafle du Vel'd'Hiv', épisode particulièrement odieux de la vie nationale qui vit la police française « rafler » des hommes, des femmes et des enfants du seul fait de leur confession israélite pour les envoyer en camps de concentration [5]. Mais jusqu'en fin 1941, les États-Unis de Roosevelt ont eu des relations quasi normales avec l'Allemagne nazie ; et les représentants de Franklin D. Roosevelt ont ensuite beaucoup œuvré avec Vichy, contre de Gaulle et les Français libres.

Évitons de nous battre à coups de clichés, ou en tenant une comptabilité de nos turpitudes nationales. Nous avons eu l'affaire Dreyfus et l'antisémitisme de l'entre-deux guerres mondiales, mais nous n'avons jamais eu l'équivalent, en France, des collèges de l'Ivy League [6]. Il est désastreux de voir les médias aux États-Unis raisonner ainsi. Évitons de faire que les légitimes angoisses américaines ne se traduisent en imprécations antifrançaises.

Walter Wells

Bush, on l'a dit, est un homme qui ne fait pas de quartier. Il est d'un naturel décidé, du moins veut-il être perçu comme tel par l'électorat américain. Une fois qu'il a tranché, il faut qu'il agisse. Une fois sa décision prise, il veut la voir mise à exécution. Il n'y a pas de place pour le doute, pas de place pour exprimer le moindre doute : on exécute les décisions du président.

Politiquement, comment aurait-il pu hésiter une seconde, après avoir mis Oussama Ben Laden et

---

5. Sur ce point, Serge Klarsfeld, président de l'Association des fils et filles de déportés juifs de France, qui a dédié sa vie à la mémoire de la déportation et qui fait autorité, a rappelé dans *Le Monde*, à l'occasion de la commémoration de la Rafle du Vel'd'Hiv', que l'attitude de la population pendant l'Occupation explique la survie de trois quarts des Juifs de France (80 000 victimes, 240 000 survivants), soit « le moins terrible bilan de toutes les grandes communautés juives d'Europe ». Il concluait : « 1. Le gouvernement antisémite et xénophobe de Vichy ne voulait pas la déportation et la mise à mort des Juifs. Il s'agissait d'un antisémitisme d'exclusion. 2. Confronté aux demandes allemandes, dont le but final était clair, Vichy s'est rendu complice du IIIe Reich en arrêtant pendant l'été 1942 plus de 30 000 Juifs étrangers et leurs enfants français, et en les livrant à la Gestapo pour qu'ils soient déportés. 3. Vichy aurait poursuivi sa coopération policière massive si la population française en zone libre et ses élites spirituelles ne l'avaient puissamment incité à freiner cette collaboration criminelle. »
6. L'Ivy League regroupe huit universités réputées du nord-est des États-Unis. Avant la mise en place des politiques d'affirmative action, ces dernières ont longtemps eu une tradition de discrimination et de quotas clandestins, notamment contre les Juifs et les noirs.

Saddam Hussein dans le même sac ? L'électorat n'aurait pas attendu pour le massacrer. Pas aux élections, mais dans les sondages. Son pourcentage de satisfaction aurait chuté à 20 %, au lieu de monter à 80 %. La vision inspirée qu'il avait, et qu'il a su vendre aux électeurs, était que l'Amérique devenait victime du même type de terrorisme qu'Israël, et qu'elle faisait les mêmes frais que son protégé. En Irak comme en Afghanistan, il était temps que l'Amérique se lève et se montre à la hauteur.

Y avait-il aussi une motivation plus personnelle ? Celle de finir le travail que Bush, 41e du nom, entouré de Cheney et de Powell, n'avait pu terminer une décennie plus tôt ? Oui, probablement. Mais là encore, avec tout le respect que je dois à Freud, à Jung et au Dr. Joyce Brothers [7], je ne me risquerai pas plus loin.

Je ne sais pas non plus si – après avoir échoué à se débarrasser d'Oussama Ben Laden –, il a pris en connaissance de cause la décision de transformer la guerre contre le terrorisme en guerre contre Saddam Hussein. Ce n'est pas un jugement que je porte, mais si les opérations d'après-guerre en Irak continuent à se passer aussi mal, et si Oussama Ben Laden reste en cavale, c'est certainement une accusation que Bush entendra dans la campagne électorale de 2004. À vrai dire, il l'entend déjà, et ses points dans les sondages baissent de manière significative.

Jean-Marie Colombani

Pour revenir à la question de l'entourage des présidents, Dick Cheney est vu par les Français comme ce que l'Amérique peut produire de pire, c'est-à-dire le mélange du privé et du public. L'Amérique fait la guerre au profit de sociétés dont Dick Cheney a été l'actionnaire, le patron, le conseiller, l'avocat. Dick Cheney incarne donc la face noire de Bush. Quel contraste avec George Bush père et son conseiller Brent Scowcroft qui sont, eux, en

---

7. Le docteur Joyce Brothers est un psychologue populaire et très médiatique aux États-Unis.

France comme partout en Europe, appréciés, respectés et écoutés. George Bush fils et son entourage, notamment Dick Cheney, font, au contraire, figures de caricatures. Condoleezza Rice s'est rendue célèbre en Europe par une formule : « Pardonner aux Russes, ignorer les Allemands, punir les Français ! ». Sans doute a-t-elle pour mission de faire de la Russie un allié privilégié, élément clé d'un scénario défavorable à l'Union européenne ; la Russie comme un des points de passage d'une nouvelle donne antieuropéenne. Donc Rice, dont la spécialité est la Russie, est vue comme l'un des artisans de ce schéma destiné à éviter une Europe franco-allemande. Au-delà, les faucons, les Richard Perle, Paul Wolfowitz, Cheney, Rice sont vus comme le groupe de sauvages, qui considèrent l'univers comme un western et qui dégainent à tout moment avant de se partager les butins de guerre (pétrole, BTP...), comme hier les territoires des Indiens.

Côté français, c'est le couple Chirac-Villepin qui domine. Dans ce couple, il n'y a personne pour modérer l'autre. Un esprit moins débridé, plus froid que celui de Dominique de Villepin, comme celui d'Alain Juppé, aurait peut-être été nécessaire à Chirac dans la période actuelle. Car Alain Juppé est un esprit rationnel, qui aurait peut-être pu jouer un rôle modérateur auprès de Jacques Chirac. Sans préjuger de ce que sera l'avenir de la relation Chirac-Villepin qui, à mon avis, n'est pas assuré, Villepin est un peu à Chirac ce que Chirac fut un temps à Georges Pompidou : un chevau-léger. Le problème vient de ce que Chirac est resté un hussard, c'est-à-dire celui à qui on demande la charge la plus dangereuse, derrière les lignes ennemies, et d'y aller sabre au clair. Villepin y ajoute une flamboyance, un éclat particulier. Mais ni l'un, ni l'autre – peut-être le second le deviendra-t-il – ne sont des stratèges. Villepin, c'est la tentation d'être Chateaubriand, c'est un poète écrivain, dans une fonction aujourd'hui complexe. Comment contenir le flot ininterrompu de sa pensée, parfois chaotique, parfois fulgurante ? Ou plutôt qui peut la contenir ? Chateaubriand n'a pas été un grand ministre des Affaires étrangères, mais il fut un immense poète. Contrairement à ce qui est généralement admis en France, il n'est pas absolument nécessaire d'être un homme de lettres pour devenir un bon ministre. Il y a, chez Villepin, une part de vision crépusculaire du monde en train de se défaire et une part exaltée, utopique donc sympathique, du monde qui est à construire. Sauf qu'à son poste, et sous la Vᵉ République, qui est un régime construit autour et pour le président de la République, le ministre de l'Extérieur est chargé du cheminement, donc de la tactique, de la négociation, de la patience. Avec un président qui peut lui-même se laisser emporter par une formule, par un mot, par un énervement qui peuvent faire beaucoup de dégâts, comme on l'a vu lorsque Chirac a tancé les pays nouvellement adhérents à l'Europe, à cause de leur attitude peu européenne dans le dossier irakien. C'était une pose avantageuse sur le plan intérieur et désastreuse sur le plan extérieur, car elle a contribué à isoler la France.

Le couple Chirac-Villepin n'est donc peut-être pas le mieux adapté face à l'action de ceux qu'une bonne partie de l'Union européenne perçoit, malgré les discours officiels, comme une bande de sauvages.

Walter Wells

*"O wad some Power the giftiegie us
To see oursels as ithers see us!"* [8]

Une bande de sauvages ? Eux ? les leaders du monde libre ? Certes, on a vu la caricature de Cheney se déplaçant des plus hauts échelons du gouvernement vers les affaires, puis revenant au gouvernement. Mais j'ignorais que le condamner à n'être qu'un sauvage offrait une satisfaction plus grande que celle de marquer un point dans le débat.

Je ne soutiendrai pas qu'il n'y a pas de noyau dur issu du monde des affaires en Amérique, en particulier dans

---

8. Citation de Robert Burns, poète écossais (1759-1796) : "O would some Power give us the gift to see ourselves as others see us" : Ô, qu'une puissance nous donne le pouvoir de nous voir comme les autres nous voient.

le parti républicain. Mais c'est un autre genre de noyau dur qu'il y a en France. Il évolue entre le gouvernement et les grandes entreprises que possède le gouvernement, et sert un système sclérosé, monopolistique qui nécessite la présence de l'un des plus hauts niveaux d'imposition d'Europe. Nous autres, contribuables français, payons encore le scandale du Crédit lyonnais [9]. Et pour l'affaire Elf, où le scandale a atteint des proportions énormes, c'est la symbiose soignée entre le gouvernement et la direction de l'entreprise qui a servi la corruption jusqu'aux plus hauts niveaux. En quoi cela incarne-t-il un quelconque génie du système français ?

Il y a presque un demi-siècle, le secrétaire d'État à la défense, Charles Wilson, membre du cabinet Eisenhower, a été cloué au pilori devant l'opinion publique américaine pour avoir dit : « Ce qui est bon pour la General Motors est bon pour l'Amérique. » Politiquement parlant, il aurait dû éviter de le crier sur les toits car il avait dirigé le géant ; mais fondamentalement, c'était vrai. Il existe une théorie, qui ne se limite pas à l'Amérique, selon laquelle on fait le bien en créant de la richesse : c'est l'idée que l'on peut profiter financièrement des bonnes œuvres qui servent noblement le bien public. Par respect pour votre raisonnement, je vous accorde que Cheney va sans doute tirer bénéfice de la guerre. Pour paraphraser Charles Wilson : « Ce qui est bon pour l'Irak est bon pour Halliburton », et bon aussi pour le portefeuille de Cheney. Mais, aussi improbable que cela puisse vous paraître, la bonne santé financière de Cheney ne semble pas avoir joué de rôle dans les prises de décisions concernant l'Irak, ni au niveau de Cheney, ni à un autre. N'oubliez pas que son portefeuille d'actions, quel que soit son contenu, se trouve sûrement sur un compte numéroté géré par quelqu'un d'autre.

Une inquiétude immense taraude ces « sauvages » au sujet de la sécurité américaine et elle ne fait que refléter l'inquiétude du peuple américain. Est-ce de l'hystérie ? Parallèlement, la perplexité devant l'absence de prise en

---

9. Walter Wells vit en France depuis une vingtaine d'années.

compte de cette anxiété par les pays de la vieille Europe est profonde. Nous avons tous le même ennemi : c'est le terrorisme international. Nous sommes tous confrontés au même danger et ne pouvons en nier l'imminence. Richard Reid, le dernier terroriste connu à être monté à bord d'un avion, a embarqué à Paris. Il est donc légitime de considérer que la menace est aussi grande à Roissy qu'à Logan [10].

Les Américains refusent catégoriquement de tolérer cette menace et perçoivent les Européens comme trop désireux de trouver des arrangements avec les terroristes. C'est injuste, je sais. Il y a eu plus d'arrestations de terroristes et de complots avortés ici, en France, qu'aux États-Unis ou que n'importe où ailleurs. Malheureusement, il n'est pas question ici de justice, mais des perceptions sur lesquelles on s'appuie afin d'influencer l'électorat.

Je n'ai rien à ajouter à votre brillante esquisse de Chirac et de Villepin et de leur relation. Je pense que leur premier échec véritable dans cette affaire a été diplomatique, mais l'échec global a été énorme. Ils se sont mépris sur la détermination américaine, ils se sont mépris sur la relation du président avec son cabinet, et ils se sont mépris sur le bord que choisirait Powell. Tout spécialement après la trahison de Villepin. Sa sottise lui a coûté plus d'un ami. Il a condamné au silence la seule position raisonnable sur cette question au sein de l'administration américaine.

Jean-Marie Colombani

L'erreur de Villepin vis-à-vis de Powell a en effet ruiné le bénéfice que la France aurait pu tirer de la qualité de relation qui s'était installée entre les deux hommes. La déception est d'autant plus grande que Powell a incarné longtemps, vu de France, l'esprit européen, un esprit modéré, pacifique, pacificateur, diplomate, tenant compte des alliés, discutant avec les alliés, soucieux de créer un consensus. Sans doute existe-t-il, dans le divorce franco-américain, une part propre à la rupture de la rela-

---

10. Logan est l'aéroport de Boston (Massachusetts).

tion entre Powell et Villepin. Encore faut-il ne pas trop charger la barque du ministre français : ce que Powell a fait passer pour une rupture personnelle était peut-être la bonne façon, pour lui, de faire passer son ralliement à la cause des « faucons », à ceux qui voulaient la guerre sans l'ONU. S'il n'y avait pas eu cet épisode, il eût été infiniment plus difficile pour les Américains de parler, à propos des Français, de « trahison ». En fait, jusqu'au mois de décembre 2002, les deux pays, chacun suivant sa voie, semblent agir en fonction d'une répartition des rôles plus ou moins explicite. La France a notamment obtenu des États-Unis qu'ils acceptent de « découpler » leur démarche, de la scinder en deux : d'abord une résolution de principe qui renforce les inspections de l'ONU en Irak ; ensuite, et ensuite seulement, si celles-ci évoluent, une action de force. Tout va bien jusqu'au vote de la première résolution. Ensuite, vient la crise. L'interprétation française est que Powell a défendu son point de vue ; mais le secrétaire d'État est un ancien militaire : son point de vue n'ayant pas été retenu, il a considéré qu'il devait se plier à la décision de son président. L'important pour Powell était de faire valoir son point de vue, mais il n'était pas homme à démissionner si le point de vue retenu par Bush n'était pas le sien. La déception française procède d'une erreur d'analyse à laquelle les Britanniques ont peut-être contribué : Villepin pensait que Powell pouvait aller jusqu'à l'épreuve de force avec Bush, car il souhaitait un calendrier et un dispositif maîtrisés par l'ONU. Dès lors qu'il est apparu que les États-Unis considéraient la première résolution comme une concession faite à leurs alliés pour leur permettre de rejoindre la coalition, et rien d'autre, Villepin et Chirac ont choisi le veto. Et ils ont considéré que Powell avait rendu les armes. À l'inverse, Powell a pu se sentir trahi par Villepin lors de la fameuse journée du 20 janvier. Personnellement, avant le 20 janvier, les contacts que j'ai pu avoir m'ont conduit à la certitude que le calendrier opérationnel était « calé » pour la mi-mars. D'ici là, m'avait-on dit en substance, Chirac aura du mal à

conduire l'opinion française. Mes interlocuteurs sous-
entendaient clairement que Chirac avait, d'une façon ou
d'une autre, promis d'être au rendez-vous. Que font les
Français ? Ils convoquent pour le 20 janvier une réunion
contre le terrorisme, à laquelle Powell ne souhaite pas
assister car le 20 janvier est aux États-Unis le *Martin
Luther King Day*. Villepin, au nom de leur amitié naissante, insiste. Il vient. À la sortie de la réunion, où
Villepin s'est abstenu de parler de l'Irak – pour bien
montrer que la question irakienne n'est pas le seul
problème de la planète – le ministre français, devant la
presse, rejette « l'aventure » et le « raccourci militaire » que
proposent selon lui « nos amis Américains ». Powell est
furieux, parle « d'embuscade diplomatique » et se sent
personnellement trahi. Il y a donc, dans l'histoire de nos
relations, un avant et un après 20 janvier 2003.

Walter Wells

C'est rigoureusement exact : il y a eu une rupture
entre les deux hommes, rupture non dénuée de connotations personnelles. Il y avait aussi une question de
timing, parce que le 20 janvier est le jour dédié à Martin
Luther King aux États-Unis. Pour Powell, ce n'était pas
un jour de fête, et certainement pas un jour de congé.
Cette commémoration confère à cette date une forte
dimension symbolique et beaucoup de commentateurs
n'ont pas manqué de souligner que Powell s'est soustrait
à de nombreuses cérémonies devant l'insistance de
Villepin qui le pressait d'assister au débat à l'ONU sur le
terrorisme. Une fois sur place, dans la nuit qui précédait
le débat, Villepin lui fait une surprise – vous diriez un
coup de poignard dans le dos – en exposant la nouvelle
et intransigeante position française sur l'article 1441.
Grave erreur diplomatique ! Cette méprise sur l'intention
de l'administration Bush et sur la position fragile de
Powell au sein du gouvernement a constitué un bel
exemple de faute stratégique.

Jean-Marie Colombani

La France a accepté de rentrer dans un mécanisme qui prévoyait deux résolutions, qu'elle avait elle-même mises en avant, et auxquelles elle a tourné le dos lorsqu'il a été clair que les États-Unis avaient programmé la guerre pour le 15 mars et que cette guerre n'incluait pas ou trop peu l'ONU. Quelques jours après le 20 janvier, Colin Powell s'est rendu au Forum international de Davos qui, cette année-là, au lieu de parler d'économie, a surtout permis de mesurer l'inquiétude que faisait naître, dans les milieux d'affaires, la perspective de la guerre en Irak. Le secrétaire d'État s'est expliqué avec quelques journalistes en indiquant qu'à ses yeux, les Français ne pouvaient pas ne pas savoir que l'étape d'une seconde résolution serait celle de la légitimation de la guerre.

Mais au-delà des manœuvres et contre-manœuvres des uns et des autres, il faut accepter l'idée qu'ont commencé de s'affronter deux visions du monde.

Walter Wells

Oui, deux visions qui ont longtemps été simplement séparées, mais qui semblent maintenant être à l'opposé l'une de l'autre.

Jean-Marie Colombani

La France n'est pas le seul pays à avoir une vision du monde différente de celle de l'administration Bush. Dans toutes les villes italiennes, les balcons étaient couverts d'un drapeau multicolore avec le mot paix inscrit. Les Italiens ont manifesté pour la paix, avec un refus profond de la façon dont la guerre a été décrétée. En France, il y a eu peu de manifestations, peu d'agitation, pas de mouvement de fond. Il est vrai que la parole officielle, gouvernement et opposition confondus, évitait d'avoir à manifester. L'erreur est, me semble-t-il, d'imaginer que l'on puisse distinguer des Européens pro-américains des Français antiaméricains. Les opinions espagnole, italienne, grecque, allemande, belge et même britannique étaient, sinon hostiles, du moins plus que réticentes.

Il y a eu en revanche en France, comme ailleurs en Europe, la dénonciation d'une guerre déclenchée dans des conditions qui ont été globalement réprouvées et que l'on disait mal préparée. La suite des événements a montré que le schéma européen, français notamment, qui consistait à ne se battre que sous le drapeau de l'ONU, de façon à pouvoir organiser une forte présence de l'ONU, une administration de l'ONU, une bannière onusienne, était infiniment préférable au fait que les Américains assument seuls cette tâche.

Le prestige de Clinton a été réel, en France. Comme en Europe. Ses mésaventures judiciaires ont été claire-ment perçues comme étant le fruit d'un complot poli-tique. Probablement peut-on penser qu'il aurait eu une attitude plus multilatérale. En revanche, l'antibushisme, aujourd'hui, nourrit l'antiaméricanisme et lui permet de ressurgir. N'oublions pas que, pour les Français comme pour les Européens, Bush est le recordman du monde des exécutions capitales. En outre, Bush est perçu comme vainqueur d'un scrutin truqué, alors qu'il est minoritaire dans son pays. Il n'a pas gagné les élections dans les urnes, mais sur tapis vert. Il est président par accroc et ancien gouverneur du Texas. Or le sentiment contre la peine de mort est très profond en Europe, comme marqueur culturel. À quoi peut-on comparer Bush ? Aux dirigeants chinois, à ceux de l'Iran ? En outre, la période qui s'était ouverte le 11 septembre, qui était à la fois de solidarité instantanée et spontanée, aurait pu donner le signal d'une Amérique se tournant vers ses alliés, plutôt que de s'en détourner. En six mois, il a dila-pidé ce capital avec son opération irakienne et accrédité l'idée – fausse sans doute, du point de vue américain – que le 11 septembre et l'opération qui a suivi en Afgha-nistan n'avaient été qu'une parenthèse. Et que, passé le choc, on revenait vite au logiciel de départ de la maison Bush qui plaçait en premier le mot d'ordre contre Saddam Hussein. C'est du moins ce que l'on a cru. Ce qui ne veut pas dire qu'il n'y ait que vertu et bon sentiment du côté de la France, dans cette affaire.

En revanche, nous revient de l'autre côté de l'Atlantique un vrai et puissant mouvement francophobe. Dans mes souvenirs, je n'ai guère d'exemple que l'Australie des années 1960-1970, qui était alors fortement francophobe. Héritage de la conquête britannique qui s'était fait contre des flottes françaises, aussi bien en Australie qu'en Nouvelle-Zélande, et actualisation de cet héritage par le fait que la France était une puissance nucléaire dans l'Océan Pacifique, et perçue en plus comme une affreuse colonisatrice, en Nouvelle-Calédonie ou en Polynésie française. Ambiance francophobe renforcée par les essais nucléaires sur l'atoll de Mururoa et par la sortie française du commandement militaire intégré de l'OTAN en 1966. Mais en comparaison de ce qui a déferlé aux États-Unis contre *The « F. » Country*, cela me semble modéré. La thématique des « poules mouillées » est à la fois grotesque et évidemment contre-productive. Ai-je besoin de préciser que ce n'est pas parce que l'on dit non à la guerre que l'on cesse *ipso facto* d'être des alliés. Les États-Unis ont dit non à la guerre d'Algérie, ils n'ont pas pour autant cessé d'être des alliés. Les États-Unis ont désapprouvé et obligé la France et la Grande-Bretagne à interrompre l'expédition de Suez, cela n'a conduit à aucune rupture historique.

Walter Wells

La récente vague de francophobie aux États-Unis surpasse tout ce que j'ai connu. Il faut reconnaître que bien qu'embryonnaire ou diffuse, la francophobie a toujours existé aux États-Unis.

Ses racines sont aussi profondes que notre république est vieille. Au moment où Thomas Jefferson et Benjamin Franklin exprimaient leur admiration pour la France, le puritain John Adams condamnait la décadence et la permissivité française. Au siècle dernier, pour une personne qui disait « Paris est l'endroit où vont les bons Américains pour mourir », on en avait cent qui ne se sentaient pas respectés par les Français et qui méprisaient cette merveilleuse nation. Dans *The Music Man*, le fait de révéler que Marian la bibliothécaire lisait Balzac suffit, à lui seul, à montrer la profondeur du malaise qui frappe River City. J'ai bien peur que le refrain « *How you gonna keep'em down on the farm after they've seen Paree* » [11] ne faisait pas allusion à la liberté qu'avaient connue nos soldats dans leur périple outre-Atlantique lors des deux guerres mondiales, mais plutôt à la permissivité qui régnait en Europe.

Je connais mieux les variations, depuis l'après-guerre, sur le thème : « Ce que "nous" ressentons envers "vous" ». Je pense tout spécialement à l'animosité de de Gaulle à l'égard des États-Unis. Il n'a jamais eu aucun ami en Amérique, aucun allié digne de confiance. Ce n'est que peu de temps après la guerre, pas même l'espace d'une génération, qu'il a fait sortir la France de l'OTAN, a affiché son indépendance nucléaire et s'est mis à flirter avec l'Union soviétique. Auparavant déjà, il avait exprimé sa défiance envers le prêt-bail (*lend-lease*) et le plan Marshall qui, après l'invasion de la Normandie, sonnait l'heure de gloire de l'Amérique. « Récemment, Dieu s'est pris pour de Gaulle » était la chute d'une blague que j'aimais bien raconter dans les années 60. Elle reflétait bien sûr le sentiment exprimé par Roosevelt vingt ans plus tôt, qui avait provoqué le dégoût et la méfiance du Général envers l'Amérique.

Pour nous, tout se résume à un ressentiment et à une réaction : « Après tout ce qu'on a fait pour vous… » Nous aimons répéter que nous n'avons jamais été ennemis

---

11. Littéralement : « Comment qu'vous faites donc pour les garder à la ferme après qu'ils ont vu Paris ? » Cette chanson du début du XXᵉ siècle (1919) évoque les soldats américains qui, de retour de la Première Guerre mondiale en Europe, trouvaient insipide la vie au pays. Ce refrain a ensuite été repris à plusieurs reprises au cours du siècle et a inspiré le film *For Me and My Gal*, avec Judy Garland et Gene Kelly.

– sauf au moment d'une série d'obscures batailles navales au XVIIIe siècle –, mais nous n'avons jamais été vraiment amis non plus. La vaillante contribution de La Fayette et de Rochambeau à l'indépendance américaine a été balayée dans la fureur qui a conduit à l'*Alien and Sedition Act*. La France de Vichy a oublié la valeur de Pershing.

Et maintenant, vous revoilà ! Vous nous contrariez, vous défiez l'exception américaine, vous refusez de reconnaître que nous seuls « représentons les relations pacifiques entre les nations ». Je suis ironique, mais l'ironie nous fait parfois effleurer la fâcheuse vérité.

L'analyse, en psychothérapie, consiste souvent à faire une introspection, et s'il est une chose que je sais sur moi-même, c'est que comparé à ce pays merveilleux et subtil, je suis un parvenu. Notre histoire est celle d'une nation parvenue, celle de gens qui ont fui – certains de mes ancêtres ont quitté la France après la révocation de l'Édit de Nantes. Nous nous sommes soustraits à l'oppression, qu'elle soit politique ou économique, et nous sommes fiers d'avoir tracé notre propre chemin. Quand nous nous retournons vers la vieille, l'aristocratique Europe, c'est avec une défiance et un sentiment d'insécurité considérables. Ces réactions sont particulièrement fortes à l'égard des Français, qui sont « le seul défaut de la France ». Il n'y a pas si longtemps, le ministère du Tourisme français donnait des leçons de politesse aux Américains. Depuis 24 ans, la question que l'on me pose invariablement quand je dis à des Américains que je vis en France est : « Comment supportez-vous leur morgue ? » Bien sûr, c'est une image fausse. Je voyage sans arrêt à travers la France et je suis bien placé pour le savoir. En fait, c'est moins vrai ici qu'à New York. Mais c'est le point de vue que mes compatriotes, dont seulement 18 % ont un passeport, ont sur les Français.

Il y a aux États-Unis une défiance générale à l'égard des étrangers, en particulier de ceux qui repoussent l'Amérique, comme le font des Français en politique et, plus encore, les Japonais dans les affaires. Mais la France est un cas vraiment particulier, et ce parce qu'elle se considère elle-même comme particulière. Il ne peut y avoir d'entente durable avec la France. Je ne trouve pas un seul autre exemple de pays allié et ami qui dise, comme elle, plus souvent non que oui. La francophobie a toujours existé ; peut-être a-t-elle été réprimée, mais toujours de manière très superficielle.

Vous l'avez vous-même souligné, il était assez déconcertant de voir des dignitaires allemands faire des remarques manifestement antiaméricaines pendant la campagne. Et comparer Bush à Hitler était au-delà de l'acceptable – de même qu'identifier Chirac à Saddam comme je l'ai lu dans *The Atlantic Monthly.* C'est inadmissible !

Jusqu'ici, l'Allemagne a échappé à la violence qui s'est accumulée contre la France. Elle n'a pas été la cible de cette phobie, parce qu'entre elle et les États-Unis, il ne s'agissait que d'un incident, non d'un nouvel épisode d'une longue histoire de désaccords opposant deux peuples. La propagation de cette violence me donne à penser qu'elle sera durable et qu'on ne s'en débarrassera pas aisément.

Nous nous sommes placés du point de vue de la presse, mais il n'y a pas que la presse de droite qui soit intervenue. Le *Washington Post*, qui passe pour libéral mais qui se situe plutôt au centre-droit dans sa politique éditoriale, s'est montré tout particulièrement critique envers la France sur la question de l'Irak. La plupart des chroniqueurs du journal – notamment Charles Krauthammer et George Will – ont des mots extrêmement critiques à l'égard de la France. Même au *New York Times*, qui est incontestablement libéral, Thomas Friedman a proposé que la France perde son siège au Conseil de sécurité, parce qu'elle n'était pas digne de cette fonction.

J'ai comparé cette violence à une maladie, à un virus comme celui de la pneumonie atypique. Tout à coup, tout le monde ressent les mêmes symptômes que l'on pourrait résumer ainsi : nous ne sommes pas seulement d'avis d'assommer la France, mais nous sommes supposés le faire. Je perçois ce phénomène comme une maladie, et cette maladie, c'est le racisme.

Jean-Marie Colombani

Oui. Le mot d'ordre dans la presse est de botter le train de la France pour la punir d'avoir oublié le jour J. Ce qui est surprenant, vu de France, c'est à quel point la presse peut épouser le point de vue officiel, celui de ses dirigeants, jusque dans leurs mauvaises querelles, sans aucun recul, sans aucun esprit critique... ou si peu. C'est une découverte pour une opinion française qui a tendance à placer sur un piédestal la presse anglo-saxonne. Pas un Français qui ne revienne des États-Unis – et ils sont nombreux – qui ne soit frappé par la mise en scène des chaînes de télévision, comme si la francophobie était le nouvel anticommunisme, avec des thématiques accusatoires, à des années lumières de pratiques journalistiques normales. Cette découverte d'une presse globalement très idéologique, très militante, le tout pour le bien de Bush fait réfléchir sur le « modèle » américain. La France est peut-être, de ce point de vue, un alibi commode de politique intérieure. Mais de tels excès laissent perplexes : l'objectif de Bush, c'était Saddam, le prochain sur la liste, sera-ce Chirac ?

Après tout, ce brouhaha est peut-être un signe des temps. Celui où Washington ne s'embarrassait pas de précautions pour obtenir que des gouvernements, voire des régimes, changent : les Européens ont en mémoire le jeu américain pour empêcher que ne voie le jour le « compromis historique » esquissé entre les démocrates-chrétiens et les communistes italiens ; et plus près de nous, l'arrivée au pouvoir du chancelier Helmut Kohl doit beaucoup, en 1982, aux pressions américaines sur les alliés libéraux du SPD qui était alors au pouvoir dans ce qui était encore l'Allemagne de l'Ouest. Eh bien, désormais, et c'est une bonne nouvelle, Washington n'est plus en mesure de « punir » un gouvernement récalcitrant, autrement que par les voies plus démocratiques de la polémique !

Cela dit, il faut admettre que les dirigeants américains, Bush et Powell, aient pu avoir le sentiment légitime d'une sorte de trahison, d'homme à homme. Connaissant Chirac, on le voit très bien dire à Bush, en substance :

« De toute façon, nous serons avec vous », ou utiliser une formulation, dans la conversation, qui pouvait être comprise comme un engagement, qui s'est avéré ne pas être en être un, selon le vieil adage chiraquien : « Les promesses n'engagent que ceux qui les croient ! » Il me semble en tout cas difficile qu'une partie de l'opinion américaine ne se réveille pas, ressurgisse, retrouve son sens critique, remette en question une opération mal conduite, mal préparée. Même si l'impératif de sécurité a permis momentanément à Bush de mêler celui-ci à la guerre en Irak, il y a bien un moment où l'opinion américaine va considérer cette simplification comme abusive et sanctionnera Bush.

Walter Wells

Beaucoup d'Américains de gauche considèrent Bush lui-même comme un terroriste international. Mais le sentiment dominant reste celui d'une insécurité générale et l'idée qui prévaut est que le gouvernement s'occupe de cette menace. Quant à savoir si Bush a abusé de cette idée en transformant une guerre contre la terreur en guerre contre Saddam Hussein, regardez le temps qu'il a fallu à l'opinion américaine pour se retourner contre la guerre du Vietnam. Nous sommes tous d'accord maintenant, du moins presque tous, pour dire que les décisions politiques qui nous ont conduits au Vietnam étaient mauvaises. Mais à l'époque, entre le début de la guerre et le désengagement total, il s'est bien écoulé dix ou quinze ans.

Par essence, la Constitution oblige le président à *vendre* sa politique étrangère aux électeurs ; mais une fois cela fait, l'engagement de l'opinion en faveur des initiatives outre-mer appartient presque à notre mythe national. On ne critique pas le gouvernement quand il est en guerre. Si la guerre est mauvaise – autrement dit, si on ne peut la gagner – la prise de conscience prend beaucoup de temps.

Néanmoins, la guerre d'Irak ne durera pas une décennie, comme au Vietnam, en particulier si la phase actuelle de guerilla continue. Les États-Unis vont devoir gérer avec bien d'efficacité la fin de la guerre et la reconstruction du pays. Ils vont devoir, de surcroît, mener cela sans dépenser quatre milliards de dollars par mois et en évitant la mort d'un soldat pratiquement par jour. La situation actuelle va rapidement devenir décourageante et usante pour l'opinion publique américaine. Paradoxalement, je soupçonne que, lorsque la paix sera rétablie, il subsistera un sentiment de méfiance et de dégoût envers la France. C'est déraisonnable et tribal, mais c'est la triste réalité.

Jean-Marie Colombani

L'antiaméricanisme, lui aussi, est plus souvent une « passion française » héritée qu'une attitude fondée en raison. Pourtant le moment que nous vivons n'est pas antiaméricain au sens traditionnel du terme. Car il y a bien, hélas, un sens traditionnel. L'antiaméricanisme français est réel, puissant. Néanmoins, je pense comme Jean-François Revel que l'obsession antiaméricaine n'a jamais été le fait d'une majorité de la société française. Il n'y a pas haine mais persistance, survivance des trois courants qui nourrissent, ou réactualisent, l'antiaméricanisme.

Il fut d'abord d'extrême droite, celle des années 1930 qui vomissait la démocratie et donc l'Amérique comme modèle de la démocratie ; détestation à laquelle s'ajoutait le rejet de la société technicienne.

Vint ensuite un antiaméricanisme propre à la famille gaulliste, né des déceptions de la guerre et des erreurs de Roosevelt. Dieu sait si Roosevelt fut un leader admirable, mais en France il lui est arrivé de se tromper lourdement : c'est ainsi que ses diplomates ont pratiquement tout tenté hormis le gaullisme. Comme s'ils étaient mus par un slogan : « Tout sauf de Gaulle ! ». La France doit autant à Churchill qu'à Eisenhower, figures très populaires, d'avoir préservé son identité et d'avoir échappé au projet de l'exécutif américain de lui imposer une administration militaire (l'AMGOT [12]) avec son Paul Bremer de l'époque, bref, l'Amérique voulait déjà punir la France. L'attitude américaine d'aujourd'hui est en outre paradoxale, car parler de Vichy, c'est oublier que le principal soutien diplomatique de Vichy fut l'administration américaine. La France qui s'est relevée de ses ruines fut gaulliste et résistante, c'est-à-dire celle qui avait récusé Vichy les armes à la main. Ce péché historique est très présent dans la tête de de Gaulle revenant au pouvoir en 1958. Pour autant, ce même de Gaulle, en 1962, ne demande pas à voir les photos que le secrétaire d'État Dean Acheson veut lui montrer pour lui apporter la preuve que les Soviétiques installent des fusées à Cuba. De Gaulle considère qu'à partir du moment où Kennedy pense que la sécurité des États-Unis est menacée, la France doit s'engager. C'est aussi le même homme qui, quatre ans plus tard, fera évacuer les militaires de l'OTAN du territoire français. La France a donc déjà montré qu'il est possible d'affirmer une identité soit strictement franco-française, soit européenne, sans manquer les rendez-vous essentiels avec les États-Unis. La sécurité des États-Unis était-elle en cause en Irak ? Chirac qui, incontestablement, a été nourri au lait de cette forme particulière d'antiaméricanisme héritée du gaullisme, a pensé que non. Peut-être à tort. Mais c'est ainsi.

Enfin, il y a l'antiaméricanisme de gauche, devenu d'extrême gauche. Pendant toute la guerre froide, il y a eu le bien et le mal. La capitale du bien était à Moscou, celle du mal à Washington. Et vice-versa. Au nom de cette lutte entre Moscou et Washington, entre le goulag et le monde libre, pour parler clair, de graves événements ont nourri cet antiaméricanisme de gauche : guerre du Vietnam, coup d'État contre Allende, pour ne citer que les épisodes les plus connus. Mais enfin, nos amis grecs, espagnols et portugais savent de quelles longues et

---

12. L'AMGOT (*Allied Military Government of the Occupied Territories* : gouvernement militaire allié des territoires occupés) visait à imposer en France, au moment de la Libération, en 1944, un gouvernement militaire allié, afin d'assurer une transition pour un retour à la démocratie.

noires années ils ont dû payer le soutien de l'Amérique aux dictateurs militaires, sans parler des dictateurs argentins et des mauvais coups de la CIA.

Permettez-moi une parenthèse à ce propos : l'Amérique a vaincu l'empire soviétique, et c'est heureux. Mais elle a quitté la table de la Guerre froide sans en apurer le passif. Au moment même où tout l'est de l'Europe se livrait à un douloureux exercice d'auto-examen, au moment où le célèbre et funeste KGB était obligé de rendre des comptes, la CIA s'est contentée de faire le dos rond. Jamais n'a été produite de véritable autocritique sur le maccarthysme, ou sur le soutien aux escadrons de la mort en Amérique latine au prétexte qu'il fallait faire barrage à la gauche communiste. Il y a un musée des horreurs de la Guerre froide à l'américaine. Eût-il été confessé à temps, peut-être l'Amérique se serait-elle alors épargné d'être tentée, aujourd'hui, de revenir à de tristes méthodes.

Voilà pour les sources historiques de l'antiaméricanisme, auxquelles on pourrait ajouter, pour une partie de l'opinion, le tournant ultralibéral des années Reagan et sa traduction européenne, le thatchérisme, qui ont recréé un *gap* culturel.

Qu'en reste-t-il aujourd'hui ? Des réflexes chez Chirac, comme une sorte de code génétique d'une partie de la droite française, celle qui gouverne. L'antiaméricanisme d'extrême droite est compensé par l'admiration que cette famille de pensée voue à la méthode Bush. La gauche française – la gauche de gouvernement, car pour l'extrême-gauche, l'antiaméricanisme fait partie du fond de commerce – est beaucoup plus américaine, on disait hier « atlantiste » que la droite de gouvernement, à cause de l'épisode gaulliste ; mais aussi parce que, aux origines de la famille sociale-démocrate, se situe l'anticommunisme, la dénonciation du soviétisme. Elle n'est pas hostile aux États-Unis et se retrouve aisément dans le parti démocrate.

En revanche, la nouvelle frontière politique est aujourd'hui constituée par les mouvements qui sont nés de la critique radicale de la globalisation ; on dit en France la mondialisation, que l'on voudrait autre, différente ; la mondialisation, entre autres, est jugée critiquable parce que traduisant une hégémonie américaine. Dans le mouvement altermondialiste, il y a une part de recyclage de la critique habituelle de l'ultra-gauche contre « l'impérialisme américain » avec le regain que peut lui offrir un gouvernement américain qui se veut en effet impérial. Il y a une part de nouveauté, de demande forte de prise en compte d'enjeux planétaires de développement et de justice sociale et environnementale qui concerne tous les pays développés et riches, et pas seulement Washington. Mais si l'on devait résumer le sentiment populaire aujourd'hui, il traduit plus une détestation de Bush, bien davantage qu'une haine de l'Amérique.

D'autant que, depuis la Libération, l'Europe vit dans l'américanosphère. Elle cherche à être indépendante certes, mais une frontière existe entre ceux qui considèrent que l'Europe doit se construire face, voire contre les États-Unis, et ceux qui considèrent qu'elle doit se construire en partenariat avec les États-Unis. Cette discussion est légitime. Elle n'a rien à voir avec l'antiaméricanisme.

Au fond, nous vivons un grand paradoxe. Les Français sont perçus comme des traîtres par les États-Unis, alors que la France ne demande qu'à être une alliée privilégiée, pas un marchepied. Ces mêmes Français qui mettent en avant leur « exception culturelle », alors qu'une bonne part de leurs références culturelles sont importées des États-Unis, en littérature, en cinéma, et encore plus en télévision, participent du même univers. Toutes ces choses font que les Américains sont considérés comme des proches, et non comme des étrangers absolus.

Walter Wells

Les sources historiques sont une chose, la perception en est une autre. En beaucoup de circonstances, les Américains ont perçu de l'antiaméricanisme, alors qu'en réalité, il s'agissait simplement d'antimondialisme ou d'épisodes de la longue histoire du protectionnisme français : l'exception culturelle, les OGM, l'OMC, McDonalds, tous ces thèmes autour desquels José Bové construit sa démagogie. Bien sûr, nous avons, nous aussi, nos démagogues, qui inscrivent « les frites de la liberté » sur une liste qu'ils nomment pompeusement « menu ». Ces questions sont suffisamment vastes et complexes pour qu'on les embrouille et qu'on les exploite aussi aux États-Unis. Dans la mentalité populaire, l'idée qui domine est : « on leur a tiré les marrons du feu, et voilà comment ils nous remercient ».

Il m'arrive maintenant de penser que Churchill était le plus grand homme du XXe siècle. Il suffit d'évoquer les Dardanelles [13] pour rappeler ses compétences de stratège militaire ! Je ne crois pas que dire qu'il était un grand leader politique, à défaut d'être un grand stratège militaire, diminue son écrasante stature historique. Sa stratégie dans la bataille pour l'Europe était de viser le point faible, de débarquer par l'Italie pour assurer après la guerre un rôle à l'Occident dans l'Europe de l'Est, face à Staline ; 350 000 hommes furent tués dans la campagne d'Italie. La conséquence la plus révélatrice a été de prouver que les Américains avaient raison, qu'il fallait battre les armées d'Hitler là où elles étaient, en France, en Belgique et jusqu'en Allemagne. Enfin, il est vrai que Roosevelt n'a pas cédé aux supplications de de Gaulle – il le détestait, purement et simplement, et abhorrait son arrogance et sa prétention.

Dans le contexte actuel, cependant, je ne crois pas que la question renvoie à la stratégie de Churchill ou à la mésentente entre Roosevelt et de Gaulle, mais au sang et à la chair des Américains. Dix mille Américains sont morts au cours du premier mois de la campagne de Normandie, et 29 000 dans les trois premiers mois. Un Américain ne

---

13. L'expédition des Dardanelles fut menée entre février 1915 et février 1916, et très chaleureusement encouragée par Churchill, alors premier Lord de l'Amirauté. Elle consistait à attaquer les Turcs dans les Dardanelles dans un triple but : affaiblir l'Empire ottoman et protéger l'Égypte (et le Canal de Suez), soulager l'armée russe de la pression turque dans le Caucase, et ouvrir un front oriental pour faire diversion à l'Allemagne. Une offensive tentée le 18 mars 1915 par dix-huit cuirassiers se révéla une débâcle retentissante, et les échecs qui suivirent conduisirent au retrait des troupes début 1916.

peut pas se tenir dans ce cimetière d'Omaha Beach sans pleurer. Dans l'esprit de mes compatriotes, le débarquement en Normandie est aussi important que tous les cowboys qui ont fait la conquête de l'Ouest.

L'Amérique a été la plus touchée en 1944 parce qu'elle était plus grande. Être le plus grand signifie, en partie du moins, être le chef. Les Français – et c'est souvent tout à leur honneur – ont voulu résister à cette situation. Mais leur réaction n'a pas toujours été bien reçue. Car cette attitude est perçue, non pas comme une contestation de la politique, ni même comme une querelle entre amis, mais comme une conséquence inévitable de l'antiaméricanisme.

Jean-Marie Colombani

Peut-être cette perception univoque que vous dites massive, vient-elle en partie de la faiblesse de la gauche aux États-Unis. Nombre de thèmes de l'ultra-gauche sont ceux des mouvements que l'on dit radicaux. Exemple, l'antimondialisation : le mouvement qui est en pointe et qui se nomme, ATTAC, reflète en partie ce qui reste de l'idéologie communiste, avec une grille de lecture simple de l'univers, qui continue de situer la capitale du Mal du côté de Washington. La vice-présidente de ce mouvement est américaine : elle est une représentante de la gauche radicale américaine, habituée de la critique des liens entre l'impérialisme et les grands trusts, ces trusts qui détiennent l'arme alimentaire, elle-même mise au service de leurs bénéfices, ou encore la critique – pertinente – du rôle de certains géants pharmaceutiques face à la lutte contre le sida en Afrique. Force est de constater que ces thèmes ne font plus recette aux États-Unis ; cette gauche-là est simplement capable de faire perdre Al Gore, mais elle n'est guère entendue.

Walter Wells

L'autorité de la gauche américaine est faible parce que sa base politique est en plein déclin. Un sondage récent annonçait que seulement 33 % de l'électorat se disait démocrate. Et 35 % des démocrates seulement se qualifient de libéraux. Je crois que le libéralisme a perdu la partie en Amérique parce que ses vieilles idées ne sont pas parvenues à mettre en œuvre ses nobles idéaux. Aujourd'hui, bien qu'il ait gardé ces mêmes idéaux, il n'a pas d'idées neuves. Le seul démocrate qui ait été élu président durant ce dernier quart de siècle, Bill Clinton, l'a été en prenant des voix au centre, et non grâce à la force de la gauche. Parallèlement, le mouvement conservateur a accru sa force en incarnant le parti de la sécurité nationale.

Sur la scène économique, je pense que l'Europe risquerait d'avoir à affronter des problèmes fondamentaux si la gauche, avec ses instincts protectionnistes, arrivait au pouvoir, alors que les Républicains, eux, sont pleinement acquis au libre-échange.

Dans les pays les plus forts sur le plan économique, la politique de libre-échange comporte des signes impérialistes. Je suppose que c'est à cela que faisait allusion Mitterrand quand il disait que l'Europe, sans le savoir encore, était engagée dans une guerre contre les État-Unis. Cela ne changera pas. Nous avons le même profil économique et nous allons nous battre pour les marchés et pour l'emploi.

Jean-Marie Colombani

Les relations franco-américaines ne sont pas faites que de conflits et de compétition. Pourquoi ne pas rappeler que France et États-Unis sont deux républiques sœurs ? La Constitution américaine est un grand moment de l'histoire intellectuelle française : la révolution américaine est aussi un grand moment de l'idée révolutionnaire elle-même. À la suite de la période révolutionnaire et de l'Empire, il y a eu des années d'étroite alliance entre la France et les États-Unis, dont le point culminant a sans doute été le rôle décisif de Pershing dans la victoire de la Première Guerre mondiale. En même temps, tout se passe comme si les États-Unis avaient repris le flambeau de la Révolution française en ce qu'elle nourrissait un rêve universel. Cette alliance se rompt, en fait, avec la terrible déception provoquée par l'effondrement français de 1940. L'armée française est la première du monde, elle est l'alliée privilégiée, et elle se révèle impuissante face aux armées de Hitler. Vue des États-Unis, la vraie trahison française est celle de 1940. Viendra alors le temps de l'alliance anglaise. Chez les Français, il existe sans doute une profonde nostalgie de ce temps de l'alliance privilégiée avec les États-Unis ; le mythe républicain est toujours enfoui quelque part. Pour un peuple comme le nôtre à qui l'on enseigne l'histoire, c'est important.

Nous vivons également une sorte de transfert qui fait que la France souscrit à l'idéal wilsonien au moment où l'Amérique s'en détourne. Schématiquement, l'idéal de la sécurité collective est défendu à Paris, combattu à Washington. Nous sommes donc pris dans une double distorsion historique qui rend aux yeux de certains la République américaine méconnaissable.

Walter Wells

L'idéal wilsonien est une grande ironie de l'histoire américaine. On s'en souvient aujourd'hui pour la noblesse de sa finalité. Mais il faut rappeler que cela a été un échec énorme. Wilson a toujours sacrifié ses nobles ambitions à la *realpolitik*. Il a cédé aux Anglais et aux Français qui voulaient faire payer les Allemands, il a cédé à son Sénat et a renoncé à achever la ratification du traité de Versailles.

Plutôt que l'idéal wilsonien, les impératifs historiques de l'Amérique sont la doctrine Monroe [14] et la *Manifest Destiny* [15]. La doctrine Monroe a clairement interdit

---

14. Définie en 1823 par James Monroe, cinquième président des États-Unis, elle précise que les États-Unis refusent d'intervenir dans les affaires de l'Europe et, surtout, que l'Europe n'a pas à intervenir dans les affaires du continent américain.

15. Expression employée par les politiciens américains dans les années 1840 pour expliquer l'expansion continentale des États-Unis. Cette notion comportait l'idée mission, celle de porter l'idéal de liberté et de démocratie aux autres nations, mais aussi la volonté d'accéder à une autosuffisance économique qui apporterait la liberté aux Américains.

l'hémisphère américain à la colonisation européenne. Et la *Manifest Destiny* a justifié l'expansion américaine vers l'Ouest, vers le Pacifique. Roosevelt était le premier à pratiquer de façon agressive l'interventionnisme américain. Mais ces deux concepts ont aujourd'hui une application virtuelle, qui les porte au-delà de l'hémisphère nord et des océans. C'est la victoire dans le second conflit mondial, plus que n'importe quel autre facteur particulier, qui nous a donné un droit à cette expansion virtuelle. Ce sentiment s'est amplifié avec la chute de l'empire soviétique, mais c'est la Seconde Guerre mondiale qui a établi cette primauté.

L'Amérique n'a pas fondé de colonies, interdit l'accès à quelque lieu que ce soit, ou brigué des terres au-delà de ses rives ; elle a revendiqué une sphère d'influence, également baptisée monde libre. Nous avons offert notre protection à cette sphère, garanti sa liberté et permis aux pays qui avaient passé alliance avec nous d'éviter des dépenses militaires considérables et de se concentrer sur leur propre bien-être. De Gaulle était méfiant envers l'OTAN, mais la France ne vivrait pas aussi bien aujourd'hui sans la protection militaire et économique de l'Amérique, l'OTAN et le plan Marshall. Attendions-nous un peu de loyauté en retour ? Oui, parce que c'est le principe même des alliances depuis toujours. Avons-nous exigé de la fidélité ? Apparemment non : la France est le seul pays qui ne peut pas dire oui, et nous ne l'avons pas encore attaqué.

L'Union soviétique n'existe plus et Moscou, maintenant, est en quelque sorte un allié. Mais l'Amérique, croyant que nous affrontons tous un ennemi commun, prend la première place parmi les alliés et elle se sent plus obligée de le faire qu'en droit de le faire. Est-ce là l'idéal wilsonien ? Pas au sens du mot auquel nous sommes parvenus. Mais ce que Wilson a mis en pratique n'était pas l'idéal wilsonien que pleurent les Européens. Sa conception de la Ligue des Nations était beaucoup plus proche du fardeau de l'homme occidental que du multilatéralisme. Le monde multipolaire conduit à la guerre mondiale que nous avons combattue. Wilson aurait bien sûr jeté l'anathème sur l'idée de rétablir une organisation similaire du monde. La démocratie qu'il voulait pour préserver le monde était la démocratie américaine. Wilson était un presbytérien, c'est-à-dire un tenant du protestantisme de droit divin. Ce qu'il voulait, c'était que les Anglo-saxons convertissent le monde. Ce n'était pas du tout, pas une seconde, de soumettre la primauté américaine au veto.

L'Amérique n'est pas plus wilsonienne que ne l'était Wilson lui-même. Elle est plus isolationniste qu'autre chose. Ses réactions primaires sont isolationnistes, à moins qu'elle ne se sente menacée. Parfois, le sens de la menace est coupé de la base : c'était le cas au Vietnam. Mais il suffit de rappeler sa réticence à intervenir dans les Balkans pour comprendre combien l'Amérique préfère l'isolationnisme. La Seconde Guerre mondiale en est un exemple encore plus aveuglant. Nous n'avons pas déclaré la guerre avant d'être nous-mêmes attaqués.

Aujourd'hui, l'administration Bush a dépassé la réticence historique des États-Unis à faire la guerre sans être attaqué, parce que le terrorisme est un genre de guerre différent.

CHAPITRE II

Les terrains de la rivalité franco-américaine

La confrontation née entre la France et les États-Unis au sujet de l'intervention armée en Irak, invite à s'interroger sur les liens qui unissent les deux rives de l'Atlantique et les différences qui les opposent.

En hommes politiques avertis, Valéry Giscard d'Estaing et Helmut Kohl affirmaient qu'en dépit du fait que « ce ne soit pas la première fois que le partenariat transatlantique soulève des questions de part et d'autre, les désaccords à court terme ne l'ont jamais emporté sur le noyau de valeurs et d'intérêts communs qui continuent à définir le monde occidental »[1].

Philip H. Gordon, spécialiste américain des relations internationales, fait un constat identique : « il n'y a pas, entre l'Amérique et l'Europe, de divergences d'intérêts ou de valeurs fondamentales. Et les démocraties européennes sont pour les États-Unis des alliés plus proches que toute autre région ne l'est aujourd'hui et ne le sera sans doute jamais. Si leurs tactiques diffèrent parfois, les Américains et les Européens partagent en gros les mêmes aspirations démocratiques et libérales pour leur société et pour le reste du monde. Ils ont intérêt à l'existence d'un

---

1. « Europe-USA : l'atout majeur », *Le Monde*, 15-16 juin 2003.

système international ouvert au commerce et aux communications, à un accès aisé aux sources d'énergie du monde, à la non-prolifération des armes de destruction massive, à la prévention des tragédies humaines et à l'isolement d'un petit groupe d'États dangereux qui ne respectent pas les Droits de l'Homme et sont hostiles aux valeurs et aux intérêts de l'Occident. » [2]

Si la démocratie, les Droits de l'Homme, la stabilité internationale et l'économie de marché sont, sans conteste, des aspirations communes aux deux nations, l'évolution des sociétés américaine et française au cours des dernières décennies révèle en réalité un fossé grandissant sur des sujets aussi essentiels que la guerre, la paix, la solidarité, la justice, l'immigration ou la religion. Dès lors il convient de s'interroger sur ce qui unit les deux pays : seraient-ce moins des valeurs partagées qu'une communauté d'intérêts qui scelleraient la coopération et l'amitié franco-américaines ?

Jean-Marie Colombani

En dehors de la loi du marché et de la démocratie représentative – deux données certes essentielles – le leitmotiv des « valeurs partagées » est probablement à revoir. Prenons la peine de mort, une vraie divergence de fond. Dans l'esprit des Européens, elle est devenue un marqueur culturel, le révélateur d'un système de valeurs. En témoigne l'interdiction de la peine de mort par la Convention européenne des Droits de l'Homme. Qui veut devenir européen, doit d'abord se conformer à ce critère-là. La peine de mort, plus exactement sa pratique constante aux États-Unis depuis une bonne trentaine d'années, a progressivement contribué à creuser un vrai fossé culturel. En cette matière, les États-Unis ont plus de proximité avec la Chine ou l'Iran. Sans doute est-ce là un argument polémique facile, mais le

---

2. Philip H. Gordon, « Bridging the Atlantic Divide », *Foreign Affairs*, janvier-février 2003.

sujet est observé avec d'autant plus d'attention qu'il a fallu beaucoup de temps à l'Europe pour se défaire de la logique qui prévaut encore aux États-Unis.

Néanmoins, il serait absurde de considérer qu'il n'y a de défenseurs des Droits de l'Homme authentiques qu'en Europe, ou qu'ils seraient inexistants aux États-Unis. Je ne pense pas que le sort des prisonniers de Guantanamo laisse indifférent les défenseurs des Droits de l'Homme aux États-Unis. Mais, là encore, Guantanamo est considéré comme la négation du propos américain, qui affirme se battre au nom des valeurs de la démocratie. Guantanamo en est le contre-exemple. Une absence de justice, une logique purement militaire, des gens enfermés depuis bientôt deux ans sans jugement, des prisonniers relâchés parce qu'il n'y a décidément rien à leur reprocher ; ceux-là, à n'en pas douter, seront devenus de futurs ennemis irréductibles de l'Amérique. Nuremberg était un processus légal et internationalement légitime. Vu d'Europe, Guantanamo est complètement incompréhensible.

Avant cela, en termes de valeurs, nous avons vécu dans les années 1980, un désaccord profond avec l'Amérique telle qu'elle émergea lors de la victoire de Ronald Reagan. Son projet d'effacer le *New Deal* par une « révolution conservatrice » nous était apparu – déjà – comme réactionnaire. En tout cas, son programme de régression sociale a contribué à nous éloigner des États-Unis. Il fait figure aujourd'hui de dogme dominant alors que, au sortir de la Seconde Guerre mondiale, l'Amérique victorieuse du nazisme avait mis en place un début d'État-Providence. Puis vint la « Grande société » chère à Kennedy, la « guerre contre la pauvreté » de Johnson, qui sont plus conformes aux valeurs européennes. En tout cas, hormis la Grande-Bretagne thatcherienne, l'Europe n'a pas suivi cette expérience qui a marqué, pour les classes moyennes, un incontestable recul.

Gardons à l'esprit que Roosevelt avait su incarner des valeurs fondamentales qui nous sont en effet communes ; avant que la Guerre froide hier, la lutte contre le terrorisme aujourd'hui, n'érodent de nouveau les valeurs, ne créent des alliances contre-nature au nom de la lutte contre le communisme, hier, de la lutte contre le Mal aujourd'hui, et n'ouvrent la voie à Reagan, puis à Bush, et à leur contre-révolution, avec le retour de l'alliance entre Wall Street et Main Street et l'idéologie qui va avec.

Walter Wells

La peine de mort fait partie des bagages que nous avions en arrivant des rivages européens. Mais à ce jour, nous n'avons pas encore hérité des antécédents qui pourraient nous conduire à abolir son usage. Peut-être cela arrivera-t-il un jour : on entendra alors la droite américaine dénoncer la francisation des États-Unis, comme on entend les éditorialistes français dénoncer l'américanisation de la France.

Outre l'Amérique, n'oublions pas que plusieurs autres pays pratiquent la peine de mort, et l'un d'eux au moins est un haut lieu de la culture et de l'esthétique : le Japon. Sans vouloir soulever une bruyante désapprobation, peut-être peut-on expliquer cette focalisation par le fait que vous attendez davantage de l'Amérique. Dans les pays qui continuent à exécuter les criminels, je crois pourtant qu'il est juste de dire que la peine de mort fait partie de l'héritage culturel. Dans notre cas aussi la peine de mort fait partie d'un héritage culturel, l'héritage judéo-chrétien, car la religion est fondamentale à notre approche du crime et du châtiment.

Entendons-nous bien, je ne défends pas la peine de mort. Sa pratique dans mon pays me fait horreur, d'autant plus qu'il est avéré qu'elle a souvent été appliquée à mauvais escient. Son maintien – dans 38 états, je crois, ainsi qu'au niveau du gouvernement fédéral – constitue un signe culturel. Vous avez souligné que dans le passé, les États-Unis ont cessé de condamner à la peine capitale, et que la Cour suprême l'avait effectivement suspendue. Paradoxalement, ce temps d'arrêt a été suivi par un nouveau déferlement d'exécutions. C'est ainsi que nous sommes passés de zéro exécution en 1968 à 600 dans les vingt dernières années du siècle.

Il ne s'agit pas d'accepter cette situation, mais d'essayer de la comprendre. Pour y parvenir, il faut avoir conscience du protestantisme zélé qui a présidé à la fondation de notre pays, et de la portée du christianisme conservateur aujourd'hui. La religion a toujours joué un rôle important dans la justice pénale, et les partisans de la peine de mort citent les Écritures pour justifier leurs convictions.

Pour toutes ces raisons, la peine capitale ne sera pas abolie par un coup de baguette magique, je veux dire qu'il faudra bien plus qu'une pichenette pour imposer un changement politique radical. C'est un problème tellement brûlant que si un candidat y touche, c'est lui qui sera électrocuté, exécuté politiquement. On se souvient que beaucoup de condamnés ont été exécutés au Texas quand Bush en était le gouverneur. Mais vous rappelez-vous aussi que Clinton est revenu dans l'Arkansas exprès pour assister à une exécution ? Il a quitté sa campagne présidentielle pour retourner à Little Rock et souligner symboliquement son adhésion à la peine capitale.

Il faudra l'accord de toutes les élites dirigeantes – le président, le Congrès, les chefs religieux et les médias populaires, c'est-à-dire la télévision et le cinéma – avant que l'opinion se retourne assez massivement pour changer la loi. À vrai dire, je crois que le mouvement est en train de s'amorcer. Pourquoi ? Parce que les Américains ont fondamentalement l'esprit de justice. Une fois que l'injustice de la peine capitale aura été démontrée – comme cela a été le cas dans l'Illinois – l'opposition gagnera en poids et on finira par abolir la pratique. Il y a peu que les Français ont adopté la position hautement morale qui est aujourd'hui la leur, vingt ans environ. Je crois d'ailleurs que la France a été l'un des derniers pays européens à abolir la peine capitale – et honnêtement, la guillotine était aussi barbare que la chaise électrique.

Quant au déni des Droits de l'Homme pour les prisonniers de Guantanamo, il est assez évident que les départements de la Défense et de la Justice américains ne respectent pas la Constitution, ni même des principes de la *Common Law*, tels que l'*Habeas Corpus*. Mais la première obligation du gouvernement est de protéger la nation du risque d'une attaque terroriste imminente. C'est pourquoi notre pays est sur le pied de guerre. Quand celle-ci sera finie, nous regarderons en arrière pour en regretter et condamner les excès, comme nous l'avons fait après la Seconde Guerre mondiale, après avoir emprisonné les résidents japonais aux États-Unis et saisi leurs biens. Nous condamnerons rétrospectivement nos actions et nous les regretterons. Mais pour le moment, la plupart des Américains n'accepteraient pas de voir ces prisonniers relâchés, tant que l'on n'aura pas prouvé qu'il n'y a pas de terroristes parmi eux. C'est en quelque sorte une *realpolitik* interne.

Un vieux poncif dit : « Soyez d'abord forts, vous deviendrez moraux ensuite. » L'Amérique se sent faible face au terrorisme, et elle essaie de devenir forte. Cette approche est-elle hypocrite ? Est-ce qu'une seule démocratie occidentale est à l'abri de l'hypocrisie ? Je ne me rappelle pas que l'on ait sollicité le vote des nations du Pacifique sud sur ces inutiles essais nucléaires, au moment de l'arrivée de Chirac à l'Élysée. Je ne me rappelle pas non plus qu'il se soit passé grand-chose, hormis un essai de temporisation du Premier ministre, quand la France a dépêché des agents en Nouvelle-Zélande pour couler ce navire de militants pacifistes, le *Rainbow Warrior*.

L'Amérique cultive les paradoxes. Notre politique extérieure, comme celle de n'importe quel État, est fondée sur notre propre intérêt, mais cet intérêt prend souvent un masque noble et altruiste. Vous nous accusez de sauvagerie, alors que c'est vous-même qui avez imaginé l'idéal du bon sauvage. Eh bien ! Citez–moi un pays autre que les États-Unis qui mène une politique étrangère efficace et qui ait récolté plus de bénéfices non seulement pour lui, mais pour ses alliés…

Mais sur les questions de la peine de mort et des prisonniers de Guantanamo, bien qu'elles remettent en question la réalité même des Droits de l'Homme et que nos désaccords soient fondamentaux, elle ne sont stratégiques ni l'une ni l'autre. On peut, à bon droit, déplorer la pratique américaine, mais ni la peine de mort, ni les procès militaires des prisonniers de Guantanamo ne peuvent mener à une rupture diplomatique. Pas même avec le Royaume-Uni ou l'Australie, dont certains ressortissants sont détenus à Guantanamo. Peut-être parce que, dans ces deux pays comme aux États-Unis, on considère que faire passer le respect des libertés civiles avant tout le reste, revient à méconnaître la nature spécifique de la menace terroriste.

Pour revenir à la question des valeurs partagées, et pas seulement aux points qui nous opposent, leur liste est longue. Elle commence par la liberté, et par la révolution qui a permis de l'obtenir. Le sens de la justice arrive très vite après, et si tous deux nous n'avons pas la même approche, ni vous ni moi ne pouvons dire qu'il n'y a pas de justice dans l'un ou l'autre pays. Les Américains ont trouvé inadmissible que la France rechigne à extrader Ira Einhorn, cet Américain convaincu de crime particulièrement horrible. Aux yeux des Français, il était inconcevable de l'envoyer au-devant d'une sentence de mort. Vous considérez que notre système est perverti par l'argent, et nous tenons le vôtre pour pourri par le favoritisme et les « pistons ». Dans l'affaire du sang contaminé, est-ce que la condamnation d'un sous-fifre, qui garantissait la paix à ses supérieurs hiérarchiques, a vraiment servi la justice ? Pourquoi laisser en liberté Paul Touvier pendant toutes ces années, ou protéger Maurice Papon pendant cinquante ans, et lui rendre la liberté après avoir prouvé sa culpabilité ?

Jean-Marie Colombani

Nous ne disputons pas un match de tennis ; et il n'est pas nécessaire d'ouvrir tous les placards de nos histoires respectives. Restons sur le terrain des valeurs dites communes. Et constatons qu'aux États-Unis – cette tentation existe dans toute l'Europe, et la France en particulier, électoralement, en sait quelque chose, comme l'a montré ce vote sinistre du 21 avril 2002, premier tour de l'élection présidentielle, qui a vu la qualification pour le second tour du représentant de l'extrême-droite, Jean-Marie Le Pen –, aux États-Unis donc s'est produite une réaction populiste et conservatrice dirigée, à l'extérieur, contre l'humanitarisme et le multilatéralisme ; à l'intérieur contre le règne de la culpabilité vis-à-vis des minorités et la liberté des mœurs symbolisée par l'ère Clinton. Encore une fois ces courants existent en Europe ; et parfois accèdent au gouvernement. Mais leur victoire aux États-Unis, renforcée par le poids du courant néo-impérial, n'est pas un élément qui aide à la compréhension entre les États-Unis et la France.

En outre, nous avons, comme vous le soulignez, un rapport différent au droit. Comment l'expliquer ? Par la disparité de puissance, comme le pense Robert Kagan ? Ce dernier met en lumière un danger qui menace l'Europe, celui de devenir une Suisse agrandie, c'est-à-dire une communauté de nations prétendant vivre à l'abri des menaces extérieures. La Suisse a attendu 2002 pour adhérer à l'ONU ! Cette tendance existe dans les pays nordiques, en Suède, mais aussi en Allemagne. Les Français, eux, sont pour une « Europe puissance ». Mais qui adhère à ce projet ?

En fait, Français et Américains ont un point commun : ils inventent une doctrine nouvelle à chaque fois que la situation change. Hier, les États-Unis mettaient en avant l'ONU et la France de de Gaulle refusait de reconnaître force de loi aux juridictions internationales. Aujourd'hui, le discours impérial est celui de Bush ; Chirac estime que seul le respect du droit donne sa légitimité à l'usage de la force, et assure que le Conseil de sécurité est seul maître de l'affirmation de celle-ci. Il n'y a donc de guerre juste que soutenue par le Conseil de sécurité, dit la France, après avoir longtemps soutenu le contraire. Morale de l'histoire : si l'on est faible, mieux vaut s'en remettre à la négociation et au droit. Aussitôt une autre question surgit : quelle place accorde-t-on aux valeurs que l'on met en avant ? En Bosnie, au Kosovo, les Européens ont considéré que la défense de certaines valeurs – contre l'épuration ethnique – devaient s'imposer, y compris par la force. Les mêmes – je pense à Chirac – vous expliquent que dans le cas de l'Irak, il n'y a pas lieu d'agir de la sorte. En clair, Chirac était hostile à un changement de régime en Irak, tout en souhaitant son désarmement.

Pour en revenir au droit, à l'usage que l'on veut en faire, l'Europe est donc soupçonnée – c'est la fameuse thèse de Robert Kagan – de s'y rallier d'autant plus qu'elle n'ambitionne pas autre chose que le destin de la Suisse. Si tel était le cas, ce serait le déclin assuré de l'Europe. À l'inverse, s'affranchir du droit pour utiliser la force, c'est de la part des États-Unis adhérer ouvertement à une logique impériale. Celle-ci ne connaît pas d'autre règle que l'usage de la violence, dont on veut s'assurer le monopole. Celle-ci porte en germes, à terme, la destruction de l'empire. Pour reprendre une comparaison napoléonienne, l'erreur stratégique majeure de Napoléon fut bien de recourir à la guerre préventive. C'est la guerre préventive – contre l'Espagne, contre la Russie – qui a perdu l'empire français. Si la France avait voulu être un empire « bienveillant », il eût fallu être capable d'organiser l'équilibre en Europe, donc de concéder à ses ennemis, d'inventer une Europe multipolaire. Aujourd'hui les États-Unis doivent être capables d'inventer à l'échelle internationale un système de *checks-and-balances*, un équilibre des forces, faute de quoi ils s'embourberont.

Walter Wells

Il n'y a pas longtemps, nous parlions de « la fin de l'Histoire ». Cette théorie, exposée par Francis Fukuyama, défendait l'idée que les « lumières » de la démocratie capitaliste avaient réussi à éloigner le spectre du totalitarisme d'extrême-gauche. Ou peut-être était-ce le confort matériel procuré par le système capitaliste qui était responsable de cette évolution, parce que, après tout, le confort matériel avait joué sa part dans l'abandon du communisme. Le capitalisme créait les richesses, au lieu de les détruire ; il avait donc plus de succès auprès des gens que le marxisme et améliorait leurs vies. En parlant de « la fin de l'Histoire », je me demande si le livre de Kagan ne serait pas justement un autre « livre de l'époque » – ou une autre idée de l'époque.

En fait, cela importe peu, car il y a eu plus de discussion sur les malentendus qu'il a suscité que sur le livre lui-même... En France, ce livre est d'abord perçu comme un exemple supplémentaire de propagande antieuropéenne haineuse. Personne ne cite Kagan lorsqu'il écrit : « L'Europe est véritablement un beau miracle dont il faut se féliciter des deux côtés de l'Atlantique [...]. Elle est un trésor qui doit être chéri et préservé, surtout par les Américains qui ont versé leur sang sur son sol et qui le verseraient encore si la nouvelle Europe venait à faillir. »

Je trouve personnellement les explications de Kagan très sensées et bien documentées. Mais plusieurs aspects de son argumentation sont moins ingénieux que conjoncturels. Sa démonstration vient justifier, fort à propos, la politique d'intervention préventive de l'administration Bush. Cependant, Kagan a aussi compris un élément et a été le premier à l'exprimer clairement et simplement. Il ne s'agit pas de dire que l'Europe est impuissante, cela n'a rien de nouveau. Il souligne que Franklin D. Roosevelt pensait nécessaire d'affaiblir l'Europe après la Seconde Guerre mondiale, parce que la rivalité des puissances européennes avait toujours tourné au désastre et avait coûté suffisamment de vies américaines. Roosevelt est mort à la fin de la guerre, mais cette idée lui a survécu. Que cela ait été, ou non, une motivation pour Truman lorsqu'il a lancé la création de l'OTAN, il n'en reste pas moins que cette alliance a ôté à l'Europe le besoin d'un pouvoir étatique individuel. Est-ce que ce parapluie américain a fait de l'Europe une nouvelle Suisse ? La comparaison me semble hasardeuse. La Suisse s'est privée elle-même de l'exercice de la puissance. Elle ne veut pas se faire remarquer. Il est clair que ce n'est pas le cas de la France, du Royaume-Uni ou de l'Allemagne. Mais ces pays ont-ils une politique militaire indépendante ? Séparément ou ensemble, en ont-ils les moyens ?

Ce que Kagan a très bien résumé, ce n'est pas l'impuissance de l'Europe, mais à quel point l'Amérique et le monde ont changé. Non seulement les États-Unis sont libérés de leurs craintes et de leurs obligations liées à la Guerre froide, mais, plus important encore, ils ont le pouvoir d'agir seuls s'ils considèrent que c'est nécessaire. Les États-Unis sont le seul pays dont la puissance militaire peut s'attaquer à la menace du terrorisme international, menace bien plus dangereuse que le risque d'une autre guerre en Europe. Ayant eux-mêmes été attaqués, ils veulent riposter et attaquer préventivement.

Ce n'est pas la peur des tanks soviétiques qui sème la panique, ni celle d'une apocalypse nucléaire – sauf pour ceux qui pensent que Oussama Ben Laden aurait pu avoir des armes nucléaires et les utiliser le 11 septembre –, mais la menace terroriste. Honnêtement, les États-Unis ont besoin d'alliés dans cette bataille, pas seulement de solidarité dans le deuil.

Ce que l'on peut reprocher à Kagan, c'est de se focaliser sur le seul pouvoir militaire et d'ignorer toutes les autres formes de pouvoir, entre autres le pouvoir d'influence, cette arme que l'Europe a utilisée pour peser entre les États-Unis et l'Union soviétique et que la France utilise aujourd'hui aux Nations unies. Ce type de *soft power*, de pouvoir invisible, n'est pas à négliger. Le contexte dans lequel s'exerce cette capacité à influencer et manœuvrer les autres peut changer, sans remettre en cause l'importance de cette forme de pouvoir. C'est sur ce type de *soft power* que Bush senior voulait s'appuyer quand il a créé la coalition pour la première guerre du Golfe. Et c'est le refus de Chirac de faire jouer son influence en faveur de l'Amérique qui a empêché une véritable coalition contre l'Irak et qui a déclenché la crise entre nos deux gouvernements.

Mais on pourrait probablement appliquer au *soft power* ce lieu commun ancien, souvent utilisé dans un autre domaine du comportement humain : « Si tu ne t'en sers pas, il disparaît ». J'ajouterais néanmoins cette nuance : « Si tu ne t'en sers pas avec mesure, il disparaît ». Pour moi, l'échec diplomatique est la conséquence du mauvais usage de ce *soft power* que la France cherche maintenant à récupérer. En réalité, le spectre du terrorisme rend notre monde beaucoup plus hobbesien [3] que ne l'a fait la menace soviétique. Dans un monde si incertain – je cite encore Kagan –, la capacité à se doter d'un pouvoir militaire « est l'élément décisif de la sécurité et du succès ».

Kagan reprend aussi le concept ancien de *raison d'État*, non pas, loin de là, pour justifier quelqu'une des actions de l'Amérique, mais plutôt pour les distinguer de la traditionnelle politique de puissance pratiquée par les pays européens jusqu'à la Seconde Guerre mondiale. Ne pourrions-nous pas soutenir que c'est une version contemporaine de la raison d'État que nous avons entendue, dans la pétulante réprimande que Chirac a infligée aux nouveaux membres de l'Union européenne ? « L'Union européenne, c'est moi. » Il me semble que c'est tout à fait le genre de remarque abusive qui restera bien plus longtemps que le mépris narquois de Rumsfeld avec sa « vieille Europe ». J'ai récemment eu l'occasion de discuter avec des ambassadeurs de pays d'Europe de l'Est et de l'Ouest : ils évoquaient la France avec le même esprit que sous-entend la France pour parler des États-Unis. La France veut que son leadership soit reconnu en Europe et elle ne veut pas qu'on la défie. C'est ainsi que marche le monde, et il est probable qu'il marchera toujours ainsi.

---

3. Thomas Hobbes (1588-1679). Ce philosophe anglais, auteur du Léviathan mène une réflexion politique selon laquelle l'homme à l'état de nature est en guerre contre tous et le monde est livré au chaos. Seul un contrat social, fondateur de l'État, peut apporter la paix et l'ordre, à condition d'être suffisamment autoritaire.

Jean-Marie Colombani

Oui. Mais ceci est un autre sujet. Il est vrai que la France ne sait pas trop comment reconquérir un leadership en Europe qu'elle a laissé échapper après François Mitterrand. Il faudrait à vrai dire parler plutôt d'un co-leadership, exercé par la France et l'Allemagne, hier le couple Giscard-Schmitt, puis le couple Kohl-Mitterrand.

Et il est vrai aussi que Jacques Chirac n'a pas pris le chemin de la reconquête et qu'il a plutôt – avant même l'affaire irakienne – isolé la France, notamment lors du Sommet européen de Nice. Voilà qui nous amène à l'empire : les deux pratiques impériales sont la violence, la force qu'il s'agit de monopoliser et la division. Diviser pour régner. Bush cherche à diviser l'Europe pour mieux la contrôler. Et voilà que, bêtement, Chirac l'encourage dans cette voie en faisant la leçon aux ex-pays de l'Est, ceux-là mêmes que Washington cherche à soustraire à une influence franco-allemande. Quelle erreur en effet !

Revenons à nos divergences de fond. Sur le plan de la démocratie, notamment, beaucoup de choses distinguent la France et les États-Unis. À commencer par ceci : le général Washington n'était pas le général Bonaparte ! Pardon de cette cuistrerie. Mais le premier est devenu président et a cédé le pouvoir. Le second n'a pas voulu s'en défaire. À partir de ce moment-là, les destins ont été différents. C'est la période napoléonienne qui a structuré la France, qui vit encore sur cet héritage, notamment en termes de centralisme et même d'institutions : celles qu'a forgées de Gaulle sont d'essence consulaire. On dit souvent de la France qu'elle est monarchique. Non, elle est encore napoléonienne. Aux États-Unis, la philosophie est presque à l'opposé. Les pouvoirs sont séparés et en principe équilibrés.

Mais comparer nos modèles respectifs en idéalisant l'un et en fustigeant l'autre, et réciproquement, est un jeu assez vain. D'autant que, progressivement, tout se passe comme si nous étions en train de devenir des pays de droit américain. Dans le droit des affaires par exemple, où s'opposent un système d'inspiration anglo-américaine et un système européen. Plus généralement, nous sommes tributaires de la démocratie d'opinion ; sans véritablement être en mesure d'en définir les principes de fonctionnement, à l'instar de la définition de la démocratie représentative par Montesquieu et les philosophes du XVIIIᵉ. Cela nous rapproche aussi. Même si nos systèmes judiciaires, inquisitoriaux en France, contradictoires aux États-Unis, continuent de nous séparer – en ce qu'ils traduisent une idée différente de la liberté de l'individu face à l'État –, l'américanisation du droit est vue comme l'étape ultime de l'intégration de l'Europe dans l'américanosphère. Avec la part de résistance qu'une partie de l'opinion peut y opposer, au nom désormais du refus de l'empire.

En fait, les deux démocraties ont des règles de plus en plus semblables : celles de la vie publique, les modes de fonctionnement de la démocratie d'opinion, les critères de sélection des dirigeants, la vie des partis, la transformation des partis politiques européens qui, de machines idéologiques, tendent à devenir presque exclusivement des instruments de sélection des candidats, comme aux États-Unis. Mais je m'interroge. Ce mouvement paraissait irrésistible. Or nous sommes peut-être à un moment où l'opinion revient en arrière, cherche confusément – ou plus violemment peut-être demain ? – à récuser cette homogénéisation en cours des deux côtés de l'Atlantique.

Walter Wells

Est-ce que l'on ne perçoit l'homogénéisation que sur les deux rives de l'Atlantique ? L'homogénéisation, conséquence inévitable de la mondialisation, ne s'étend-elle pas déjà au-delà ? Il me semble, en fait, que notre situation actuelle annonce, non pas un quelconque gouvernement mondial, mais des institutions supranationales qui opposeront une volonté internationale aux nombreuses politiques nationales, à l'exception peut-être des actions militaires. Ce problème peut également être appréhendé à travers le système international de l'équilibre des forces, de *checks and balances*, que vous avez évoqué.

Malgré cette nouvelle ère de nationalisme, on peut soutenir que bon nombre des institutions gouvernementales qui assurent la souveraineté nationale ont été affaiblies et, de fait, remplacées. L'Union européenne en est le meilleur exemple. Ainsi que l'ALENA [4] et l'OMC. Il y a d'autres exemples – les accords de Kyoto en seraient un si les États-Unis les avaient ratifiés. Le traité de la Mer en serait un autre, si encore une fois les États-Unis avaient signé. La Cour internationale de Justice... Je réalise que la plupart des exemples que je cite sont révélateurs de la façon dont évolue l'exception américaine aujourd'hui.

Ainsi une démocratie mondiale d'opinion est-elle en train d'émerger – sans doute est-elle encore difficile à définir, mais elle se forme peu à peu. Elle a peut-être commencé sur le marché, sous la forme d'une « démocratie commerciale » – on vote avec des dollars, euros ou drachmes pour élire le Coca-Cola comme la boisson préférée dans le monde, et le MacDo comme le mode d'alimentation favori. C'est paradoxal : le nationalisme a rarement été une force aussi visible, que ce soit au Monténégro ou en Corse, mais les nations et les frontières sont beaucoup moins importantes aujourd'hui qu'elles ne l'ont jamais été dans le passé. Malgré toute la violence qui s'exprime en Corse, malgré les brutales revendications indépendantistes de l'ETA, le concept de nation reine semble aujourd'hui dépassé.

Quant à la question spécifique du système légal et de l'américanisation du droit des affaires en Europe (et dans le monde entier), deux raisons peuvent expliquer cette évolution. L'un n'est que le langage – puisque

4. Accord de libre-échange nord-américain, signé en 1994 entre le Canada, les États-Unis et le Mexique.

l'anglais s'est imposé comme la *lingua franca* des affaires, le droit des affaires a suivi. La seconde raison, j'aime à le croire, concerne le génie anglo-saxon, qui n'est ni celui de l'art ni celui de la musique, mais celui de la gouvernance, y compris la gouvernance de la jurisprudence. L'essentiel de la *Common Law* anglaise a été repris dans les affaires, car le système est fondé sur le fair-play. Même si, bien sûr, le système risque d'être déformé et de conduire à des injustices criantes.

Jean-Marie Colombani

Interrogeons aussi le rapport à l'État, dans toutes ses composantes. En Europe et en France, même si on dénonce à l'envie l'idée d'un empire américain, on ne peut ignorer que notre univers, notre vie même, à commencer par la vie économique, est très influencée par ce qui se passe aux États-Unis. Soit l'on cherche à s'en distinguer et l'on dit que si nous acceptons l'économie de marché, nous n'acceptons pas la « société de marché » : c'est le discours de gauche. Soit on explique notre retard, ou notre moindre dynamisme, par les qualités du modèle américain, notamment sa flexibilité. Regardez comment, aux États-Unis, on ne s'embarrasse pas pour licencier ! C'est celui de la droite.

Pourtant, plutôt que de regarder la sphère idéologique ou politique, il faut s'attacher au rapport à l'État. L'idéologie ? Oui, la gauche américaine n'est pas la gauche européenne ; oui, la gauche européenne est beaucoup plus idéologique, influencée qu'elle fut par le marxisme ; mais ce qui sépare un Tony Blair d'un Bill Clinton, un Bill Clinton d'un Schröder, voire un Schröder d'un socialiste français, n'est pas si important ; en tous cas pas infranchissable. Il y a quand même une communauté de pensée. Prenons l'exemple du projet d'Hillary Clinton de réforme du système de santé : elle s'inspirait largement des systèmes européens. Cette communauté de pensée, de repères, fait que la vie intellectuelle française est influencée, avec un temps de retard parfois non négligeable, par les débats qui surgissent aux États-Unis. Ainsi, l'idéologie sociale démocrate, qui structure les gauches européennes et les politiques européennes, a-t-elle été revisitée par John Rawls. En France, il a fallu quinze ans pour que Rawls soit traduit ; mais sa pensée a fini par pénétrer. Que font nos intellectuels ? Ils partent six semaines aux États-Unis, soit dans des *Think tanks*, soit dans des universités où ils enseignent ; ils en reviennent la tête pleine et vivent pendant un an du capital qu'ils ont ainsi engrangé pendant leur séjour américain. Je caricature à peine. Quant à la droite, lorsqu'elle revient au pouvoir, c'est forte des succès de la droite américaine et de ses thématiques, telles « la loi et l'ordre ». Nous avons une capacité phénoménale à importer d'Amérique, y compris nos idées. La concordance des temps est d'ailleurs très frappante. La période Bill Clinton aux États-Unis correspond à un temps où la gauche est dominante en Europe : onze pays de l'Union sur quinze pendant les années Clinton sont gouvernés à gauche. Gore perd à cause de ceux que l'on peut considérer comme les gauchistes américains, c'est-à-dire les adeptes de Ralph Nader. Dans la foulée, la gauche italienne perd à cause de Bertinotti, c'est-à-dire son extrême gauche. Puis vient le tour de Jospin victime à son tour – entre autres – de l'extrême gauche.

En revanche, le rapport à l'État est différent, comme le sont des pans entiers de la vie en société. L'État en France, et aussi en Europe, protège. Aux États-Unis, les institutions charitables s'y substituent en partie. Le rêve américain, c'est de pouvoir s'enrichir au maximum, afin de pouvoir devenir, fortune faite, un grand philanthrope. Aux yeux des Français c'est là un système d'Ancien Régime. Autre différence de fond : dès qu'un gouvernement arrive au pouvoir, dès qu'un ministre est en place, il n'a qu'une idée en tête : léguer sa propre loi. Un ministre qui ne défend pas sa propre loi, sa propre réglementation, est vite considéré comme un ministre inutile. Aux États-Unis, c'est le règne du contrat. En même temps, en

France, les pratiques contractuelles se développent, le rôle et la place du juge grandissent, la place de la loi ne décroît pas mais apparaît de plus en plus inadaptée. Exemple : la loi sur les 35 heures de travail hebdomadaire, stade ultime de la transformation d'une société par la loi, qui a été imposée de façon uniforme et très régalienne et dont on voit bien qu'elle embraye mal avec une part de la réalité sociale. Autre exemple : la place et le rôle des services publics. Ils sont consubstantiels à l'identité française ; et l'ambition française est de faire admettre à l'ensemble de l'Union européenne une conception de la vie et des règles économiques et sociales qui intègre la présence de services publics forts et modernes. De ce point de vue, bien que le contre-exemple se situe bien davantage dans la Grande-Bretagne d'après le cataclysme thatchérien que dans le modèle américain, ce dernier fait quand même figure d'épouvantail pour toute une partie de l'opinion.

Force est de reconnaître que l'actualité a volé au secours de la conception française : il y avait déjà eu la grande panne d'électricité en Californie, puis est venue celle de New York. Qu'a dit l'ancien secrétaire à l'énergie de Bill Clinton ? Que le système américain, totalement privatisé, avait évidemment négligé les infrastructures du réseau : elles sont moins rentables. Et le *black out* italien est venu conforter les Européens dans l'idée que la vie collective est mieux assurée dès lors qu'existent de puissants services publics, dans des domaines essentiels à celle-ci, bien sûr.

Le critère du rapport à l'État reste donc décisif, car au bout du compte, la culture dominante en France reste égalitariste ; et l'égalitarisme passe par l'État. Les Français restent davantage préoccupés du partage des ressources sous l'égide de l'État que de celui du maintien du niveau de création des richesses.

Autre exemple : le rapport à l'immigration n'est pas le même. Non pas qu'il n'y ait pas de racisme aux États-Unis, au contraire, mais l'immigration dans sa globalité est conçue comme un ressort permanent, parce que les

États-Unis sont fondamentalement le pays de la deuxième chance. La France n'est pas le pays de la deuxième chance. La France est un pays qui doute parce que son système méritocratique est perçu comme un système de reproduction de cette méritocratie, et non plus de conquête. Or le dynamisme d'un pays dépend du désir, et de la possibilité organisée, de promotion intellectuelle et sociale de ses habitants. La France, comme l'ensemble de l'Europe, sont en train de fermer leur frontières aux immigrés, alors qu'ils en ont, et vont en avoir besoin, compte tenu de notre déclin démographique. Reagan, par rapport aux politiques européennes actuelles, apparaît comme un grand libéral, avec le grand mouvement de légalisation qu'il a opéré au bénéfice de milliers d'immigrés. Notre rapport aux identités et aux ethnies est donc différent.

Walter Wells

Je reviendrai sur ce point, ainsi que sur plusieurs points de l'histoire des États-Unis, qui est faite de pragmatisme et d'individualisme farouche. L'Amérique est un pays qui offre des opportunités, plus que des acquis. C'est un pays où vous pouvez arriver avec trois sous en poche et devenir fabuleusement riche. C'est aussi un pays dans lequel vous pouvez arriver avec trois sous en poche et mourir sans un centime de plus. Cela dépend de votre esprit d'initiative, de vos talents et, très souvent aussi, de votre chance. Comme vous l'avez dit, la réalité en France est tout autre. Je me souviens avoir été très frappé par une réflexion *a priori* assez anodine dans les premiers temps de notre vie en France. Ma femme et moi avons acheté une maison en Provence, dans laquelle nous avons fait faire quelques travaux, et peu à peu, nous avons lié connaissance avec le jeune maçon qui travaillait pour nous. Il nous parlait de ses vraies passions et disait que ce qu'il aurait vraiment voulu, au fond, c'est être paysan. Il disait : « J'aurais été paysan, j'aurais eu mes arbres fruitiers et mes légumes, mais mon père était maçon, donc il fallait que je devienne maçon. » Cette idée d'être prisonnier de ce qu'il était et de son héritage paternel, au point de limiter ses chances et ses possibilités, m'était totalement étrangère.

Je me souviens de ce que disait l'un de nos ambassadeurs sur la différence fondamentale qui sépare la société française et la société américaine. Pour les Américains, la liberté est essentielle. La liberté est ce qui importe par-dessus tout. La liberté individuelle offre une seconde chance, permet de repartir à zéro. En France, selon lui, on privilégie le concept d'égalité. Peu importe la richesse, tant que, à la fin, chacun est plus ou moins au même niveau et qu'il n'y a pas de trop grands écarts entre les citoyens. Nous sommes beaucoup plus tolérants. En Amérique, nous acceptons les différences et la richesse beaucoup plus facilement. Regardez les dernières réductions d'impôt : elles ne favorisent pas du tout les plus pauvres, ni même les classes moyennes, mais les gens qui sont immensément riches ! C'est cela, l'Amérique. Et c'est l'une de ses forces. Cependant, je pense que, depuis quelques années, l'Amérique a négligé l'un des points clés de sa Constitution : la promotion de la prospérité générale. Pour le gouvernement, c'est une obligation de se rassembler, de joindre tous les efforts pour promouvoir la prospérité générale. Il s'est occupé de beaucoup d'autres choses, mais pas de cela. Bien sûr, la droite américaine objecterait que nous faisons progresser la prospérité générale en soutenant une économie forte, qui permet aux gens d'avancer, de réussir, de posséder leur propre toit, de créer leur emploi, d'élever leur famille et de prendre une retraite confortable. Cependant, rien ne nous certifie que c'est bien ce qui va se passer. Encore une fois, c'est un pays d'opportunités, pas d'acquis.

Vous avez parlé de droits sociaux et de couverture sociale minimale. Là aussi, la situation actuelle en Amérique est assez nouvelle. À l'époque de la grande dépression et de Franklin D. Roosevelt, un grand mouvement s'est mobilisé vers un système beaucoup plus socialisé. Presque toutes les lois sociales ont été rédigées à ce moment-là, selon un modèle politique qui s'est maintenu jusqu'à Reagan. Voyez, en 1964 encore, la campagne entre un Républicain de droite, Goldwater, – qui, à l'époque, passait pour un homme d'extrême droite, mais qui était en réalité assez modéré – et Lyndon Johnson, qui s'inscrivait beaucoup plus clairement dans la lignée de Roosevelt. Johnson a fait passer des lois garantissant une soi-disant « grande société », comme le décret accordant le droit de vote aux Noirs et d'autres décisions législatives plus spécifiques dans le même esprit. Mais les Américains ont le sentiment d'avoir fait l'expérience de cette approche et qu'elle n'a pas fonctionné aussi bien que l'économie de marché. Le système a créé beaucoup de bureaucratie, et donc des emplois au niveau fédéral, ce qui serait bien perçu en France, où une personne sur quatre est fonctionnaire. En Amérique, on ne le voit pas sous cet angle. Ce rejet renvoie, une fois encore, à une caricature simpliste de l'idée de la responsabilité individuelle.

Jean-Marie Colombani

Les aspirations des peuples européens, en termes de valeurs philosophiques et religieuses, de partage et de protection sociale, de rapport à l'autorité, d'organisation familiale sont proches, d'un pays européen à l'autre. Elles sont différentes de celles qui existent en Amérique. Nous en avons donné un aperçu rapide.

Nous pourrions y ajouter une différence dans l'appréhension de la diversité. Car la France ne privilégie pas seulement l'homogénéité, elle privilégie une certaine idée de la communauté nationale, réfractaire à l'idée de « communautés ». Le communautarisme est en effet vécu comme une menace, alors que la société américaine fait toute leur place aux communautés. Il n'y a pas de discriminations positives en France, hormis quelques tentatives de discussion sur le sujet et une application dans l'enseignement supérieur, à l'Institut d'études politiques de Paris. Car ces politiques familières de l'univers des démocrates américains, sont toujours perçues, dénoncées comme contraires à l'intégration. Cela tient à l'histoire de la France, qui est assimilationniste. La politique coloniale française fut officiellement une politique d'assimilation. Comme si le patriotisme pouvait être décrété. Les États-Unis sont à la fois plus patriotes, et acceptent une plus grande diversité. Une place plus grande est faite aux communautés ; la discrimination est acceptée, qu'elle soit négative vis-à-vis des plus pauvres, des immigrants les plus récents, ou positive, pour corriger ces excès.. La culture française y est encore réfractaire, au point qu'aujourd'hui tout le débat intellectuel français s'organise autour de l'idée de la défense de la République, associée à l'assimilation, elle-même associée à l'uniformisation, et quiconque se mettrait en travers, au nom de la défense d'une communauté, porterait atteinte à la République. Nous vivons donc une crispation autour de ce qui a été le modèle jacobin, par opposition à ce que pourrait être un modèle girondin ou une France décentralisée, puisant davantage ces sources d'aspiration chez Tocqueville, et pourquoi pas dans la démocratie américaine. Mais, hélas, l'ennemi, ce sont les communautés ! Donc ce sont les États-Unis, parce que les États-Unis sont le modèle d'une société communautariste, alors que la France défend un modèle intégrationniste.

Je ne partage pas cette vision figée, parce que d'une part, elle est caricaturale, et parce que d'autre part, le jacobinisme est devenu pour la France davantage un frein à l'adaptation, à la modernisation du pays, que l'élément de sa modernisation, comme cela a été le cas dans le passé.

Pour être une société qui fait sa place aux communautés, les États-Unis n'en sont pas moins une nation très fortement unie. Il n'y a pas plus patriotes que les Américains, il suffit d'ailleurs de voir la place qui est faite au drapeau américain, comparée à la façon dont est célébré le 14 juillet, la fête nationale française, qui relève plus du folklore que d'une ferveur patriotique particulière. Entre la France et les États-Unis, il y a un choc presque frontal, dans la façon dont s'organise le débat. Et une bonne raison de plus de dénoncer le modèle américain est précisément que le modèle américain est censé être porteur de la destruction de l'État français, de l'idée même de la République telle qu'on l'idéalise.

Le débat français est en effet constamment empreint de nostalgie. Dans les cercles médiatiques dominants, très influencés par la pensée « nationale républicaine » – qui est, à mes yeux, une pure et simple nostalgie et une aspiration à un regain nationaliste – on reconstruit et on invoque le modèle français. Avec cette difficulté : où situer l'âge d'or ? En 1802 ou 1815 ? En 1848 ou en 1870 ? En 1918 ou en 1940 ? Il n'empêche, nos intellectuels se positionnent dans le refus du communautarisme à l'américaine. Nous sommes là au cœur d'une dissociation très forte, qui touche les élites, et surtout celles de la haute administration, et les médias. La haute administration, en effet, a naturellement tendance à privilégier le modèle qu'elle sert, c'est-à-dire le modèle jacobin.

Cela est d'autant plus préoccupant pour nous, qu'il nous semble que la machine à intégrer française est en panne. Le grand problème français, ce sont les banlieues ; et il n'est pas, ou peu, traité. Peut-être qu'aux États-Unis, il se traite de lui-même, et que l'on admet qu'une première génération d'immigrants intègre le *lumpen proletariat*, avant qu'une deuxième ne gagne le droit d'accéder à un niveau supérieur de richesse, et ainsi de suite. En France, nous vivons mal cette juxtaposition de différents niveaux. Et nous avons laissé se constituer en banlieue un concentré de difficultés qui place au premier rang des plus mal lotis, les jeunes, pour la plupart issus de l'immigration.

Nous touchons là peut-être le cœur de nos différences. Les États-Unis ont su revenir au plein emploi. Ils ont mieux traversé les années de crise, et la période Clinton fut des plus brillantes sur le plan économique. Chez nous, depuis les deux chocs pétroliers – c'est-à-dire trente ans – le chômage de masse s'est installé. La société française a choisi le chômage de masse, dans les arbitrages qu'elle a eu à faire. Entre des jobs moins intéressants ou moins bien payés, ou bien des sacrifices consentis, et l'ajustement des effectifs, elle a choisi cette dernière solution, en se délestant sur l'État du soin de prendre en charge les chômeurs. J'en ai fait l'expérience. En 1994, *Le Monde* était en faillite. Il fallait prendre des mesures rigoureuses. Je me suis tourné vers les syndicats en leur proposant deux solutions : soit une baisse des salaires, soit un plan social. La réponse a été immédiate : un plan social ! Autrement dit, on se défausse sur la collectivité du soin de prendre en charge ceux qui partent.

Les Français refusent que l'on touche à leurs fameux droits acquis, notion absolument antinomique de la vie des États-Unis. De la même façon, lorsqu'il faut ajuster les effectifs, mille précautions sont à prendre. Aux États-Unis, lorsqu'un employeur prévient quelqu'un qu'il doit partir, si deux ou trois jours sont accordés à cette personne pour faire ses cartons, elle peut être satisfaite.

Le choix du chômage de masse a été et est encore profondément dévastateur parce qu'il a tenu en lisière de la société beaucoup de jeunes, dont les parents n'ont jamais travaillé, qui sont donc peu allés à l'école, à qui il manque les bases mêmes de l'intégration civique, de la vie en société. Celle-ci vit avec cette masse de population non intégrée, non scolarisée, avec la tentation, comme disait le philosophe, de « surveiller et punir ». Car cette situation est évidemment porteuse de violence. En récusant le communautarisme, on abandonne des communautés à leur sort. Comme une sorte de communautarisme négatif. Est-ce bien raisonnable ? Il y a là, un choc culturel, intellectuel, idéologique presque frontal, qui n'est pas à l'avantage de la France.

Walter Wells

C'est vrai. C'est la solution qui a été choisie, alors qu'elle est véritablement antifrançaise dans la mesure où elle crée une population presque permanente d'exclus, qui ne seront jamais intégrés à la société. Au-delà de ces choix de société, je n'ai jamais entendu dire que la différence fondamentale entre nos deux pays était culturelle. C'est une réalité, mais je ne crois pas que ce soit un sujet de débat. C'est un point que les Américains effleurent quand ils évoquent la difficulté de faire des affaires en France ou bien ce qu'ils ne comprennent pas dans votre pays : ils y font référence, mais je ne crois pas que cette différence joue un rôle explicite dans les divisions actuelles entre nos deux pays. Je me permettrai juste une remarque incidente : chaque fois qu'Alcatel ou Michelin licencie des milliers d'employés, ce sont toujours ceux qui se trouvent aux États-Unis, jamais à Clermont-Ferrand.

Jean-Marie Colombani

That would start a revolution ![5]

Walter Wells

Ça en a déclenché une ! Vous évoquiez l'incrédulité des Français face à la décision de Bush d'entrer en guerre en prétendant entendre la voix de Dieu : cela m'a rappelé Jeanne d'Arc, ou sainte Bernadette. Beaucoup d'Américains parlent avec Dieu et croient que Dieu leur répond. C'est, là encore, un trait qui nous distingue les uns des autres et laisse chacun très perplexe face à l'autre. Ceci étant, je reconnais volontiers que le fait d'entendre la voix de Dieu n'est pas propre aux Américains ! Disons, plus sérieusement, que la tradition évangélique protestante est très forte en Amérique. C'est l'un des fondements de notre société. On la voit à l'œuvre en ce moment, de même qu'il y a eu régulièrement, par le passé, des périodes de retour intense au christianisme. Comme on dit aux États-Unis, « la religion fait partie des meubles ». Ce n'est pas surprenant que Bush, qui est un homme assez simple, ait une foi intense.

---

5. Ça déclencherait une révolution !

À cet égard, il faut souligner l'importance de la religion dans la vie politique américaine. Il serait impensable qu'un homme ouvertement athée soit élu président. Nous avons élu un catholique. Il est possible que nous élisions un juif. Lieberman, qui est juif orthodoxe, a mené une campagne très efficace aux présidentielles de l'an 2000. Je pense que ce qui importe, dans l'esprit des électeurs, c'est que la religion joue un rôle dans la vie des candidats. Peu importe de quelle religion il s'agit, même si un musulman aurait sans doute du mal à se faire élire en Amérique, quel que soit le mandat qu'il brigue.

Il y a donc ces deux fils directeurs, l'histoire et l'importance de la religion en politique, et c'est ce qui se joue dans l'esprit de Bush. L'Amérique est un pays où les Églises sont très influentes. Elles sont en pleine expansion, et leur pouvoir l'est aussi. Ce sont pour l'essentiel des églises de la « droite religieuse », fondamentalistes, pour reprendre le terme qu'elles utilisent. Il y a un aspect « confort » dans le protestantisme américain. On va à l'église pour se sentir mieux. On pratique sa religion pour se sentir mieux envers son prochain. C'est à la fois primaire et essentiel. Que ce sentiment joue un rôle aussi important en politique est surprenant et très troublant. Pour moi, la croissante influence de la droite religieuse est un phénomène inquiétant, car les hommes qui font la guerre pour exécuter la volonté divine sont dangereux. En Europe, vous avez connu cette situation à l'époque des guerres de religion. Ce souvenir a éveillé en vous une certaine méfiance vis-à-vis de l'influence de la religion. Les liens entre politique et religion sont un sujet très problématique et qui a des répercussions non seulement sur le fait d'entrer en guerre contre l'Irak, mais aussi dans l'attitude envers Israël. C'est l'une des raisons pour lesquelles il est devenu presque impossible pour les États-Unis de jouer un rôle significatif dans la résolution des conflits du Moyen-Orient, car la droite religieuse, bien que chrétienne, est totalement engagée aux côtés de l'État juif, contre les « infidèles ».

Jean-Marie Colombani

L'opinion tourne en Europe, au moment du discours sur « l'axe du mal », qui, à l'évidence, a des accents religieux. Immédiatement, on a du mal à comprendre que Bush développe une thématique qui est rigoureusement l'envers de celle dont se servent les terroristes pour justifier leur combat. C'est d'ailleurs à ce moment que trois personnalités européennes prennent la parole, dans les mêmes termes, pour répondre à ce discours. Chris Patten, commissaire européen, très ferme ; Joshka Fischer, le ministre allemand, qui trouve la meilleure formule en disant « nous voulons être des partenaires, nous ne sommes pas des satellites » ; Hubert Védrine enfin, alors ministre des Affaires étrangères, qui évoque le « simplisme » du discours de Bush. Un mot pour revenir à notre propos : il est intéressant de voir que ni Chris Patten, ni Joshka Fischer ne font l'objet des foudres de Washington ; en revanche, Hubert Védrine est tancé et l'ambassadeur de France à Washington convoqué. Cela nous ramène au point habituel du comportement américain : le président est le maître d'école ; dans la classe, les Européens sont les élèves. Lorsqu'il y a un chahut, sans même se retourner, avant même de savoir, le professeur désigne le Français comme le fauteur de trouble. Trois personnalités européennes trouvent les mêmes mots pour dire leur désaccord, au même moment ; mais c'est l'ambassadeur de France à Washington qui est convoqué pour être cloué au pilori.

Ce discours sur « l'axe du mal » a des connotations religieuses. Il suppose que l'Amérique fait la guerre au nom du Bien. Face à des mouvements dont l'objectif est de « tuer les juifs et les croisés », le président décrète la croisade. Pour nous, c'est la marque d'une régression. Pourquoi ? Parce que nous n'avons pas eu la même lecture du 11 septembre. Pour nous, ce devait être, par les États-Unis, la découverte de leur vulnérabilité. Comme nous le sommes tous. Pour les Européens qui ont vécu sous la menace, pendant un demi-siècle, des divisions de l'Armée Rouge, et qui ont subi et subissent encore dans certaines régions un terrorisme actif, il est important d'encourager un Islam qui aspire au dialogue, pour faire que l'Islam détourne de l'islamisme. Même si la tragédie de New York est sans commune mesure avec les vagues terroristes qui ont eu lieu en Europe (à Paris notamment) nous avons pensé que l'Amérique devait faire l'effort d'accepter de ne plus être, comme dit la Bible des puritains, « *a city on a hill* », mais au contraire un pays comme les autres, qui vit dans le règne des vivants, qui est donc mortel, et qui a, comme les autres, besoin des autres – besoin d'inventer de nouvelles alliances, de conforter celles qui existent. Bref, tout sauf le messianisme unilatéraliste qu'a énoncé Bush dans ce fameux discours.

Cette régression est liée à la religiosité. En tout cas, vue d'un vieux pays laïc comme le nôtre. Mais en même temps, cette laïcité évolue. Au départ, elle est une arme contre le catholicisme, contre le lien historique entre le pouvoir et l'Église. Le roi de France est l'incarnation de Dieu sur terre ; à Versailles, le lit du roi est construit sur le modèle du tabernacle ; c'est un tabernacle, et le corps de Dieu est le corps du roi. Dans un pays où l'Église a été si consubstantiellement liée au pouvoir et à l'absolutisme, les lois laïques sont le point d'aboutissement de l'émancipation de la société vis-à-vis de l'Église catholique. Aujourd'hui, la laïcité est tout autre chose. Car elle est ce qui permet à tout individu de vivre sa religion à l'abri de la République.

La République protège la liberté de conscience. Avec le retour des religions, la France doit apprendre à vivre avec un islam qui est devenu la deuxième religion du pays. Face à ce phénomène religieux, la laïcité est mise en avant comme un facteur d'intégration, dans un ensemble républicain. Pour autant, quelle est la part du religieux dans la vie publique ? Chirac va à la messe pendant les vacances ; il ne manque jamais d'adresser un message à la frange chrétienne pratiquante de son électorat. Mais en même temps, Sarkozy, le ministre de l'Intérieur, qui, en France, est aussi ministre des Cultes, assiste au meeting de l'organisation musulmane la plus radicale pour dire qu'il ne faut pas porter le voile. C'est un message plus fort et plus important pour la société française que Chirac allant à la messe. La religion fait partie du débat public, à travers l'islam et les peurs qu'il suscite, et non comme une donnée liée à la vie politique comme aux États-Unis. On n'élit pas quelqu'un en pensant à sa religion. La référence reste avant toute chose, la laïcité. Il y a donc, non seulement une incompréhension, mais aussi un refus profond que l'on puisse mener une guerre au nom d'un Bien dont on serait détenteur face au Mal. Car cela nous ramène à la vision huntingtonienne du monde moderne, l'Occident face au monde musulman. Pour nous, c'est une vue dramatiquement fausse et dramatiquement dangereuse.

Walter Wells

Je pense que la vaste majorité des Américains serait d'accord pour dire que c'est une vue dangereuse et fausse. Il est intéressant de constater que les constitutions française et américaine interdisent les religions d'État... tout en protégeant la liberté religieuse et les cultes. Cependant, au début des années 1950, l'expression « sous Dieu » (*One Nation under God*) a été ajoutée dans notre « serment de fidélité » (*Pledge of Allegiance*). Cette mention divise aujourd'hui l'Amérique et il est légitime de s'interroger sur sa constitutionnalité. Si elle n'est pas conforme à la constitution, elle sera probablement retirée, mais il se trouvera alors des citoyens pour réclamer un amendement constitutionnel qui autoriserait la pratique de la religion dans les institutions publiques, qu'il s'agisse d'écoles ou de juridictions gouvernementales.

Les mots sont problématiques. J'aime bien dire que les mots ont des conséquences que vous ne pouvez pas toujours prévoir au moment où vous les prononcez. Pour revenir aux cas de Chris Patten, de Joshka Fisher et d'Hubert Védrine que vous avez cités, je dirais que les réponses des deux premiers étaient beaucoup plus nuancées que celle du troisième. Dire du président américain qu'il est simpliste est une provocation. Et Védrine est suffisamment intelligent pour savoir que sa déclaration aurait cet effet. Ce n'était plus simplement dans le cas de figure du professeur qui dit, injustement, sans se détourner du tableau : « OK, c'est le Français ! ». L'incident s'inscrivait au milieu de toute une série d'autres. Ne serait-ce que la manie des Français de toujours parler des États-Unis comme d'une puissance hégémonique : c'est une façon de mettre les Américains à l'écart, même s'ils ne trouvent pas l'expression péjorative. C'est pourquoi Bush s'est peut-être senti le droit de montrer Védrine du doigt.

Jean-Marie Colombani

Ce n'est pas le président qui était visé, mais le propos qui était simpliste. En même temps, il est vrai que Védrine s'était fait remarquer par l'invention de la notion d'hyperpuissance, vocable peut-être avant tout destiné à alerter l'opinion contre les États-Unis. Curieusement, je pense Védrine plus proche de Chirac que de Mitterrand. Le premier est dans une logique antiaméricaine, le second a toujours été dans une logique atlantiste, qu'il s'agisse du soutien accordé à Margaret Thatcher dans la guerre des Malouines ou surtout à George Bush senior dans la guerre du Golfe. Védrine méconnaît sans doute l'histoire de la gauche démocratique : l'antiaméricanisme a toujours été une arme de la droite pour discréditer la gauche réformiste en France.

Pour revenir au facteur religieux, il y a une vraie faille entre les deux rives de l'Atlantique. Car l'Amérique est un pays de sectes. Bush est présenté comme un *born-again Christian*. Ici, en France, cela signifie qu'il appartient à une catégorie religieuse qui l'apparente à une secte. À cela s'ajoute l'influence qui est prêtée, dans son entourage, aux revendications de chrétiens fondamentalistes, eux-mêmes réputés responsables à l'arrimage de Bush à la droite israélienne. Chrétiens fondamentalistes, qui ont longtemps été antisémites, mais qui sont devenus islamophobes et se sont rapprochés de la droite israélienne. Tout cela construit en France, dans les médias, une image de Bush désastreuse ; un George Bush présenté comme le porte-parole d'un courant de pensée chrétien fondamentaliste, donc naturellement porteur de thèmes ou d'idées réactionnaires, donc d'une politique extérieure réactionnaire liée ici, à la fraction dure de la droite israélienne, là, à la fraction dure de l'*establishment* militaro-industriel.

Alors qu'en France il y a une commission parlementaire, des décisions de justice dirigées contre les sectes. La plus en vue de ces sectes étant l'Église de Scientologie, régulièrement et lourdement condamnée. On ne peut parler du ressentiment français vis-à-vis de l'Amérique, sans le ramener à Bush, et, en le ramenant à Bush, sans prendre en compte cette dimension qui est peut-être exagérée, abusive. Peut-être l'influence des chrétiens fondamentalistes est-elle surévaluée, mais en même temps, elle est perçue comme majeure. On en vient même à oublier les gestes d'amitié de Bush vis-à-vis de la communauté musulmane, pour ne voir qu'un président en bras armé d'un courant certes minoritaire, mais très actif qui tire l'Amérique vers une radicalité chrétienne, forme nouvelle de l'action politique.

Walter Wells

Je tiens juste à dire qu'il m'est déjà arrivé de donner mon accord pour une campagne de publicité de l'Église de Scientologie dans mon journal, au nom de la liberté d'expression. Ce n'est pas une question d'argent – il m'arrive de refuser certaines publicités de mauvais goût –, mais, pour nous, la hiérarchie des valeurs est différente, la liberté d'expression passe en premier. En Amérique, il existe une tradition de tolérance religieuse. Curieusement, aux États-Unis, la droite religieuse, le fondamentalisme, est probablement à l'heure actuelle la religion dominante, ou du moins l'expression dominante de la religion, que ce soit à travers la Convention baptiste du sud des États-Unis, les branches ultra-conservatrices des autres cultes ou confessions, ou bien même l'Église anglicane. Dans leur essence – mon frère y est prêtre –, elles sont l'équivalent du mouvement de Mgr Lefebvre en France ou en Suisse, il y a quelques années, la secte dissidente de l'Église catholique. En outre, des organisations telles que l'*Opus Dei* sont beaucoup plus développées ici qu'elles ne le sont aux États-Unis, car ici le catholicisme est plus répandu.

Je suis absolument d'accord avec vous quand vous dites que le recours à la religion pour défendre une politique, la nôtre en l'occurrence, est extrêmement préoccupant. Mais cela répond à l'attente d'un certain public américain. Je suis sûr que c'est quelque chose de très profond pour George Bush. De la même manière, après ses problèmes avec Monica Lewinski et avec le Congrès, Clinton s'est en quelque sorte tourné vers Dieu. Il avait été élevé dans la religion protestante, dans le Sud, mais à l'issue de cette épreuve, il s'est rapproché de Billy Graham, un prédicateur évangélique, et d'autres hommes d'église plus ou moins officiellement reconnus. C'est une véritable donnée de la vie américaine, et donc de la vie politique américaine. À tout prendre, c'est une source de force personnelle pour ces hommes. Le recours à la religion ne devient problématique que sous ses formes intégristes. Là encore, Bush est-il le seul à être concerné ? Tout ce que nous savons avec certitude pour l'instant, c'est que ce recours caractérise cette administration et aucune autre. Il y a peu de chance qu'un démocrate se fasse jamais élire avec l'aide de la droite religieuse qui, au demeurant, reste très minoritaire. En général, l'Amérique se rend à l'église à Noël et à Pâques. La plupart des Américains ne sont pas beaucoup plus pratiquants que les Français, et la plupart passent leur dimanche à regarder la télévision ou à jouer au golf, sans mettre les pieds à l'église. Non, ce qui l'emporte, ce qui pèse le plus lourd, c'est, vous le savez, cet engagement intense envers Jésus.

Jean-Marie Colombani

Un mot pour dire qu'en France, l'affaire Monika Lewinsky aurait été portée au crédit de Bill Clinton, mais cela n'aurait pas nui à sa réélection. Au contraire. Cela aurait été perçu comme… un signe rassurant.

Walter Wells

Ce n'était pas le sujet du débat, c'était juste un moyen de le descendre politiquement. Ils l'ont piégé parce qu'il a menti. Même s'il n'a menti que sur sa vie sexuelle, pas sur le fait d'entrer en guerre.

Jean-Marie Colombani

Je voudrais finir cet examen des valeurs et des intérêts qui unissent ou divisent les deux rives de l'Atlantique par quelques remarques sur les relations commerciales. Bien sûr il y a des rivalités commerciales, mais là on sort du rapport franco-américain, pour être peut-être plus dans une relation euro-américaine. Il y a tout à la fois rivalité et partenariat. Mais si on devait faire la somme des choses, les intérêts communs l'emportent. Ce sont deux entités qui structurent l'économie mondiale. La montée en puissance demain, de la Chine, de l'Inde, demain de l'Amérique latine, peut-être un jour l'Afrique, devrait tendre à rapprocher les deux entités.

Les intérêts sont étroitement liés. L'industrie et les services européens sont très largement financés par les fonds de pension américains. À l'inverse, les prises de participations des Européens dans les entreprises américaines sont extrêmement fréquentes. Il y a une imbrication extrêmement forte qui fait que ce sont des économies qui marchent d'un même pas, même s'il y a un léger décalage, même s'il y a des particularismes qui font qu'aujourd'hui l'Amérique avance plus vite, même s'il y a, aujourd'hui, une prise de conscience un peu tardive de la part des Européens que l'Amérique a réussi au cours des dix dernières années à réaccélérer, en laissant l'Europe un peu sur place. Cela se voit au rythme de la croissance, au niveau de la recherche, au niveau des performances des technologies. Il y a un retard européen, il va bien falloir passer de la prise de conscience à l'action pour combler ce retard. Mais on est dans une sphère où les intérêts communs vont de pair avec les rivalités.

Walter Wells

Nous sommes d'accord. Les deux anecdotes qui me viennent à l'esprit illustrent bien ce problème. C'était en Caroline du Sud, au moment de la rupture. Je me trouvais avec l'un des législateurs, et un député de l'état avait déposé une résolution condamnant la France : il l'a rapidement retirée quand il a réalisé que l'un des principaux employeurs de la Caroline du Sud était Michelin, qui possède une très grosse usine à Spartanburg. La seconde anecdote est encore plus récente : un membre du Congrès a déposé, ou s'apprêtait à déposer, un projet de loi pour interdire aux forces armées américaines d'acheter des produits français. Le secrétariat d'État à la Défense a réagi au quart de tour en affirmant avec force que c'était ridicule, qu'on ne pouvait absolument pas avaliser cela, parce qu'on ne peut pas mettre en mouvement nos forces armées sans nous équiper de matériel de télécommunication. Je crois que c'est le principal poste d'achat du Pentagone, qu'il fait auprès de qui déjà ?... Alcatel ? Thomson ? Nos intérêts sont intimement liés et le resteront. La rivalité, si c'est le mot juste, n'est ni économique, ni politique, ni culturelle. À mon sens, elle en arrive à n'être plus que passionnelle. Je pense d'ailleurs que ce sentiment est plus fort du côté américain que du côté français. C'est tout simplement une réaction passionnelle au fait que, tout à coup, l'Amérique n'est plus en position dominante, qu'elle ne contrôle plus tout. C'est presque comme une scène de ménage. Il me semble que tout cela se situe essentiellement sur le plan de l'émotion. Tous les bruits odieux répandus par la Fox – presse et télévision – et par les journaux de Murdoch, sont avant tout une expression d'ordre du passionnel et n'ont aucune base rationnelle. C'est un discours de simples d'esprit.

CHAPITRE III

La crise du partenariat transatlantique

L'intellectuel français Régis Debray esquissait en 2002, la constitution des États-Unis d'Occident, fusion de l'Europe et des États-Unis sous une direction unique, en contrepoint du panarabisme islamique et d'une Chine en plein essor [1]. Un tel dessin supposerait l'intégration de l'Europe occidentale aux États-Unis et l'abandon par les États européens de leur souveraineté extérieure. Si les sociétés libérales occidentales partagent une communauté de destin, les récentes passes d'armes entre alliés américains et européens montrent que la gestion de la relation avec les États-Unis divise les Européens.

Aujourd'hui, certains s'interrogent même sur le maintien d'une entité géopolitique occidentale réunissant une Amérique décidée à utiliser sa puissance sans entrave et une Europe, certes divisée, mais ardente promotrice du droit international. Ainsi, Francis Fukuyama, constatant les « craquements dans le monde occidental », souligne que « la position européenne vise à instaurer un ordre international qui repose sur des règles adaptées au monde de l'après-guerre froide. Affranchi des conflits idéologiques aigus et d'une compétition militaire à

---

1. Xavier de C***, Régis Debray, *L'Édit de Caracalla, ou plaidoyer pour des États-Unis d'Occident*, Fayard, 2002.

grande échelle, ce monde laisse beaucoup plus de place au consensus, au dialogue et à la négociation dans la façon de régler les querelles. [...] Le désaccord ne porte pas sur les fondements de la démocratie libérale, mais sur les limites de la légitimité démocratique. Les Américains sont enclins à considérer qu'il n'y a pas de légitimité démocratique au-dessus de l'État-nation constitutionnel et démocratique. [...] Les Européens, au contraire, ont tendance à penser que la légitimité démocratique relève de la volonté d'une communauté internationale beaucoup plus large que celle d'un État-nation, quel qu'il soit, agissant à titre individuel ». [2]

Si l'usage de la puissance est un point d'achoppement particulièrement vif, le débat est plus général. Ce sont en fait deux visions du monde contemporain qui s'affrontent. Deux visions qui mettent en jeu des perceptions différentes des nouvelles problématiques de la sécurité et de la menace terroriste ; des actions multilatérales et des organisations internationales ; de la domination de l'empire américain ou d'une éventuelle structuration multipolaire du monde ; de l'Alliance atlantique et du rôle de l'Europe au sein de cette dernière. Bref, le partenariat transatlantique apparaît bel et bien en crise.

Walter Wells

Les Américains ont la réputation de manquer de patience, tout particulièrement quand quelque chose ne fonctionne pas. Or le processus qui a conduit à la crise irakienne a révélé aux yeux de l'administration Bush que deux choses ne fonctionnaient pas : les Nations unies et le partenariat atlantique. La relation des Nations unies avec les milieux conservateurs américains de plus en plus puissants est conflictuelle. Au fil des ans, toutes les résolutions condamnant Israël et assimilant le sionisme au racisme ont contribué à rendre l'institution antipathique.

---

2. Francis Fukuyama, « Craquements dans le monde occidental », *Le Monde*, 16 août 2002.

Autre facteur : la décision absurde de confier la présidence de la Commission des Droits de l'Homme aux Nations unies à la Libye. Cela se passe de commentaire. Que cette décision ait été prise avec l'assentiment de la France – et de six autres pays de l'Union européenne, qui se sont également abstenus de voter – est non seulement gênant, mais aussi scandaleux. La Libye était même toujours sous le coup des sanctions infligées par les Nations unies après les attentats de Lockerbie. Voilà un exemple de la manière dont les Nations unies et leurs institutions ont été détournées et avilies, ce qui leur a fait perdre leur légitimité à garantir la paix mondiale.

Puisque les Nations unies sont devenues un instrument avec lequel des dictatures comme l'Iran ou la Libye essayent d'entraver l'action des États-Unis pendant que les Européens les regardent sans rien dire, comment reprocher aux Américains de perdre patience ? Comment leur reprocher de s'irriter devant ces bavardages et face à tous ceux qui voient l'ONU comme le seul espace de discussion des actions menées sur la scène internationale ? Ce ne sont pas seulement les réactionnaires comme Jesse Helms [3], ni les seuls néo-conservateurs pro-israëliens, mais une bonne partie des Américains qui ont perdu patience. La plupart des conseillers de Bush étaient hostiles à l'idée de retourner aux Nations unies pour débattre de la question irakienne, parce que depuis dix ans les Nations unies n'avaient fait qu'hésiter et discuter pour éviter d'« humilier » l'auteur d'un génocide.

Les difficultés du partenariat atlantique au sujet de l'Irak, elles, ont commencé à l'OTAN, quand la France a cherché à se servir de l'Alliance atlantique pour contrer les intentions de l'administration Bush. C'était laisser le champ libre à un duel dévastateur entre l'arrogance de la puissance américaine et une autre forme d'arrogance, celle de l'impuissance française.

Dans les jours qui ont précédé le début de la crise irakienne, l'une de mes anciennes collègues, la regrettée

---

3. Ancien sénateur républicain d'extrême droite.

Flora Lewis, suggérait une idée intéressante : les États-Unis ne veulent pas diriger le monde, mais être reconnus comme la nation la plus capable de le faire. Vu sous un autre angle, disons que lorsqu'ils désignent l'ennemi public numéro un, ils s'attendent à ce que tout le monde souscrive à cette définition et affiche l'avis de recherche. Ou du moins que l'on n'arrache pas les avis qu'ils ont placardés.

Je me demande si Chirac, en cherchant à bloquer l'aide de l'OTAN à la Turquie dans l'éventualité d'une guerre contre l'Irak, pensait mener une politique diplomatique efficace. Il ne cherchait certainement pas à engager un bras-de-fer, car la discussion était ouverte et il pouvait intervenir sur cette question sans affronter en face les États-Unis. Quelles qu'aient été ses raisons, cette attitude a été perçue aux États-Unis comme un signe typique de l'entêtement français. La France n'a pas été vue comme la grande garante de la morale internationale, mais comme le pays qui passe son temps à critiquer.

La formulation même de la question du multilatéralisme sous-entend que les États-Unis auraient rejeté l'approche multilatérale par réaction devant l'attitude de la France qui s'interposait dans la crise irakienne. Je le conteste. D'abord, il faut bien voir que le multilatéralisme n'est pas un but en soi, mais un moyen. En faire un objectif, c'est le rendre mou et inutile. Ensuite, les États-Unis ont refusé tout au long de leur histoire qu'on impose des limites à leurs interventions lorsqu'ils considéraient que leurs intérêts vitaux et ceux de leurs citoyens étaient en jeu. Cette idée est implicite dans la doctrine Monroe et elle a souvent ressurgi au cours de l'histoire de notre pays. Permettez-moi de dire en passant que les Anglais et les Français ont, eux aussi, pratiqué le multilatéralisme avec Hitler en 1936 : s'ils l'avaient affronté franchement, le monde serait différent aujourd'hui. Enfin, vous ne pouvez pas prétendre que la marche sur Bagdad était un acte unilatéral de la part des États-Unis, pour la simple raison que la France – mais aussi l'Allemagne, la Russie et un certain nombre d'autres pays – n'a pas soutenu le renversement de Saddam Hussein. Bush avait le soutien des Anglais, des Australiens, des Néerlandais, des Japonais, des Polonais et des Tchèques. Plus d'une trentaine de pays en tout avaient déclaré soutenir l'effort des États-Unis, sans compter les appuis privés. Certains de ceux qui s'étaient engagés avaient plus à craindre de la France que des États-Unis. C'est d'ailleurs ce que Chirac a cherché à faire comprendre, entre autres, aux Polonais. L'un des bilans [4] disait qu'il y avait quarante-cinq membres officiels et officieux de la coalition, ce qui en faisait la troisième coalition qui ait jamais existé. On comptait quarante-sept partenaires dans la Seconde Guerre mondiale, et cinquante et un dans la coalition réunie autour de Bush père pour chasser l'Irak du Koweït.

Quelle que soit votre position – que vous défendiez le bien-fondé de la destitution de Saddam Hussein, ou que vous en vouliez à Bush d'être en guerre illégalement –, il me semble impossible d'affirmer que cette initiative était une action unilatérale, exécutée dans le mépris de l'opinion mondiale. Peut-être ceux qui n'appartenaient pas à la coalition estiment-ils que les États-Unis de Bush font cavalier seul, un cavalier de plus en plus dangereux car il s'engage sans surveillance extérieure dans des missions qu'il s'est fixées seul, méprisant les souhaits et les idées des autres pays. Mais à y regarder de près, la réalité se révèle différente. Les négociations concernant la Corée du Nord constituent un exemple probant de leur approche multilatérale dans le règlement d'un problème majeur. Les États-Unis ont également développé le rôle de l'OTAN et ils s'y impliquent de plus en plus. Ils ont renforcé l'OSCE [5], créé l'ALÉNA, l'APEC [6] et l'OMC. Ils ont fait entrer dans ces organisations de nouveaux partenaires – qui sont parfois d'anciens adversaires. Rien de tout cela ne correspond à l'image d'un arrogant cavalier solitaire ou d'un *rogue state*, un État-voyou, qui trace sa voie sans considération ni respect pour les autres.

---

4. Un site internet australien digne de confiance, consacré à l'histoire politique et aux relations internationales, fait état de ces différentes données : www.geocities.com/pwhce/willing.html.
5. Organisation pour la sécurité et la coopération en Europe, créée en 1994 pour accompagner la fin de la Guerre froide en Europe. Elle regroupe les États-Unis et 55 pays d'Europe.
6. L'*Asia-Pacific Economic Cooperation*, fondée en 1989, a pour objectif de faciliter les échanges avec les pays d'Extrême-Orient.

Jean-Marie Colombani

Me vient à l'esprit la distinction initiée par un intellectuel américain, Joseph Nye, analysées dans la *New York Review of Books*[7], à partir d'une analyse qui correspond bien à notre mode de pensée. Selon cette thèse, l'erreur de Bush est de mélanger tous les niveaux, militaire, économique, culturel et civil. Il est incontestable que les États-Unis bénéficient d'une suprématie militaire inégalée et inédite. D'une certaine façon, cette suprématie nous arrange bien, nous Européens, car elle nous évite de faire un effort démesuré sur le terrain de la défense, qui nous affaiblirait en termes économiques. En effet, les Américains sont capables d'être sur plusieurs fronts, de mener éventuellement plusieurs conflits en différents endroits du globe. De ce point de vue, les déboires américains en Irak donnant l'image d'un colosse aux pieds d'argile, sont de nature à prendre à contre-pied la vulgate antiaméricaine. C'est, qu'on le veuille ou non, une mauvaise nouvelle pour l'Europe.

Mais revenons à l'hyperpuissance. L'erreur est de transposer cette hyperpuissance aux autres niveaux de la vie collective. Dans le domaine économique, les États-Unis ne sont plus une hyperpuissance. Ils sont leaders, certes ; ils ont une capacité d'entraînement – l'Europe elle-même n'a-t-elle pas les yeux rivés sur les indices américains pour établir son propre rythme économique ? Mais les États-Unis ne sont pas hégémoniques. L'économie européenne existe, l'économie chinoise est en train de décoller, l'économie japonaise, bien qu'affaiblie, a quand même été l'un des moteurs de la croissance mondiale, l'économie indienne surgit et sera l'un des éléments déterminants des années futures, la Russie est vouée à se reconstruire, même si cela prendra quinze ans, la zone latino-américaine se structure. Il suffit d'observer les débats qui ont lieu au sein de l'OMC pour mesurer à quel point il est désormais faux

---

7. JUDT, Tony, "Its Own Worst Enemy", *New York Review of Books*, volume 49, n° 13, 15 août 2002.
Le livre de Joseph Nye a pour titre *The Paradox of American Power: Why The World's Only Superpower Can't Go It Alone*,.Oxford University Press, 2002.

de considérer que les États-Unis sont en capacité d'imposer leur volonté commerciale à la Chine, à l'Inde, à l'Europe. Dans tous ces domaines les États-Unis composent, j'allais dire presque comme tout le monde ; donc en matière économique, le multilatéralisme prévaut. L'erreur de Bush fils est donc de considérer que l'hyperpuissance, ainsi qu'une hégémonie économique, induit également, troisième niveau, une hyperpuissance dans la vie des sociétés civiles. Il oublie que la mondialisation, notamment avec la chute du mur de Berlin, a d'abord, ou aussi, été et est encore une mondialisation démocratique. Depuis 1989, la démocratie a progressé. Et les sociétés civiles ont leur vie propre. Il y a des opinions publiques, européennes, arabes, latino-américaines, canadiennes, asiatiques, etc.Et aucune d'entre elles n'a le souhait d'obéir à un commandement de la Maison-Blanche, fût-elle occupée par le Révérend George Bush. Cela n'impressionne personne. En outre, nos opinions sont attentives au rôle de ce que l'on appelle les organisations non gouvernementales ; et la part de ces ONG dans la vie collective est de plus en plus importante, et tend à devenir omniprésente.

Dès lors, penser que l'on pouvait gouverner le monde à partir de cette hyperpuissance militaire, que celle-ci autorise une hégémonie dans tous les domaines de la vie collective, et d'en trouver des déclinaisons qui partent de la guerre en Irak et vont jusqu'à Hollywood, est une vue de l'esprit. Du moins est-ce là, me semble-t-il, le point de vue dominant en Europe, que je trouve pertinent.

Paradoxalement, l'unilatéralisme est la forme moderne de l'isolationnisme. Contrairement aux apparences, puisque l'unilatéralisme porte les États-Unis sur des théâtres extérieurs, il est d'autant plus un isolationnisme qu'il s'accompagne, au plan économique, de protectionnisme.

Walter Wells

Votre analyse de l'unilatéralisme comme une forme d'isolationnisme est très pénétrante, car c'est tout à fait de cela qu'il s'agit – c'est faire cavalier seul. Mais comme je l'ai déjà dit, malgré l'intensité du débat sur l'Irak – débat qui se fait de plus en plus passionné au fur et à mesure que la guerre piétine et que ses répercussions financières sur l'économie américaine augmentent –, je ne crois pas que l'Amérique prenne la voie d'une période d'unilatéralisme brutal. L'isolationnisme a plusieurs visages et le plus à craindre dans le monde actuel est en réalité le plus prudent et le plus raisonnable – l'isolationnisme des gens qui voudraient voir en l'Amérique un pays comme les autres, qui ne pensent pas que le statut d'hyperpuissance suppose d'assumer certaines responsabilités. En d'autres termes, des Jimmy Carter isolationnistes. La vérité est que l'Amérique ne peut guère s'offrir le luxe d'une politique isolationniste à une époque où, bien sûr, le commerce est mondialisé, mais le terrorisme aussi.

Je ne pense pas que l'Amérique d'aujourd'hui puisse être vue comme un État-voyou dirigé par des barbares. Peut-être assistons-nous aux efforts d'une hyperpuissance pour s'adapter à un monde nouveau, dans lequel ses ennemis jouissent de tous les atouts de la société libre et accueillante, tout en cherchant à la détruire. Cette menace, que l'Occident et les États-Unis en particulier doivent affronter aujourd'hui, explique l'engagement de l'Amérique. Une telle lutte conduit à commettre des erreurs de jugement, de diplomatie. Par exemple, bafouer les Droits de l'Homme par des incarcérations illégales, au cours de recherches policières et d'arrestations abusives. Mais cela ne signifie pas que nous devons renoncer à nous battre.

Face à cette menace commune est né le sentiment très vif que ce qui est bon pour l'Amérique est bon pour le monde civilisé, et nous sommes capables de définir ce qui est bon pour l'Amérique – nous n'avons pas besoin d'aide pour cela. Le défi consiste donc à établir la protection nationale au moyen d'une coopération multilatérale très poussée.

Pour l'instant, je dois reconnaître que l'administration américaine court le risque de perdre de vue son but primordial, qui vise à combattre efficacement le terrorisme. On lui a substitué l'objectif immédiat d'abattre Saddam Hussein, sans expliquer clairement comment cela s'inscrit dans une stratégie d'ensemble et, ce qui est plus problématique, sans préparer correctement ni la guerre ni l'après-guerre. Il semble bien que nous ayons abattu Saddam, mais nous avons créé en même temps un climat propice à l'apparition de centaines de nouveaux Ben Laden. Il n'y a peut-être pas de cavalier-voyou, mais quelques cow-boys semblent chevaucher en solitaire.

Cela dit, je ne conteste pas un millième de seconde le besoin de prendre toutes les précautions possibles pour prévenir un autre 11 septembre.

Jean-Marie Colombani

Mais cette règle devrait valoir aussi côté français. Lorsque l'on observe les dirigeants français, je pense à Chirac ou à Villepin, il est frappant de voir à quel point ils sont obsédés par les États-Unis. Tout est rapporté à l'Amérique. Du coup, notre action, si on les suit, devrait toujours être en contre-pied des États-Unis. Comme s'il s'agissait non de construire avec eux, encore moins d'influencer leur mode de réflexion et d'action, mais plus brutalement de marquer des points contre eux pour s'en prévaloir ensuite auprès des opinions, arabes notamment, qui leur sont hostiles.

J'ai un soupçon par rapport à cette attitude, tiré de l'histoire. On se souvient que de Gaulle, en 1962, avait soutenu les États-Unis dont l'intérêt vital était menacé. Quatre ans plus tard il sortait de l'OTAN avec fracas, les bases américaines en France étaient fermées. La France devenait pestiférée. Sans doute était-ce, vu de France, un traumatisme plus violent que celui que l'on vit aujourd'hui, notamment pour les régions françaises pour qui les bases américaines étaient source de prospérité. Ce fut un choc extérieur et intérieur. Les États-Unis y ont vu une trahison, d'autant que précédemment, il y avait eu la reconnaissance par la France de la Chine communiste de Mao. Entre-temps que s'était-il passé ? De Gaulle avait tenté sans succès d'entraîner les États-Unis dans l'idée d'un directoire mondial. Quel était le souhait de la France ? D'y participer. Il n'était pas de constituer une coalition contre l'hégémonie américaine, l'impérialisme américain selon l'expression, parfois justifiée, de l'époque. L'objectif était de participer à cette puissance. La France s'est écartée, à cette époque-là, des États-Unis, à cause du refus des États-Unis de partager son pouvoir. On peut se demander si aujourd'hui, *mutatis mutandis*, le reproche sous-jacent, non exprimé, non avoué, des dirigeants français vis-à-vis des dirigeants américains, n'est pas de ne pas avoir été plus étroitement associés à la définition d'une stratégie. D'avoir été négligés, un peu comme la Grande-Bretagne au faîte de sa puissance, dans la deuxième moitié du XIXᵉ siècle, négligeait le reste du monde. Peut-être y a-t-il dans l'attitude française, une part de déception de ne plus être l'allié privilégié, celui qu'on reconnaît comme le leader en Europe. Mais cela renvoie, bien sûr, à une donnée forte de l'Europe d'aujourd'hui qui est le recul, voire la perte, du *leadership* franco-allemand. Jacques Chirac a reçu en héritage des présidents Giscard d'Estaing et Mitterrand l'exercice de la principauté ou de la coprincipauté d'Europe. Il l'a, à mes yeux, en partie dilapidé : il n'est plus reconnu comme le coprince d'Europe.

Walter Wells

Il est intéressant que vous présentiez la genèse des mauvaises relations entre nos deux gouvernements sous la forme d'une succession de rejets et de déceptions. Le refus américain d'un directoire mondial a dû susciter l'amertume de de Gaulle, que Roosevelt avait déjà affecté d'ignorer pendant la guerre, et qui voyait traiter avec mépris « une certaine idée de la France ». Peut-être la position américaine pouvait-elle s'expliquer par le souvenir du précédent directoire dans lequel la France s'était illustrée. Mais il est possible que cette théorie du rejet ait contribué à la double obsession française de toujours regarder vers l'Amérique et de toujours chercher à la contrôler. Plusieurs éditorialistes ont écrit, au plus fort de l'opposition entre nos deux pays, qu'il était plus important pour la France de contrôler la puissance américaine que de contrôler Saddam Hussein. Ils exagéraient, cela ne fait pas de doute, mais leurs assertions comportaient, tout comme votre thèse du rejet, au moins une part de vérité.

Pourtant, il y a un autre aspect, dans cette obsession de la France vis-à-vis de l'Amérique, qui évoque les relations de l'Union soviétique avec les États-Unis durant la Guerre froide. J'entends par-là la manie de vouloir être pris au sérieux par les Américains, et traités comme tels. Les diplomates américains qui ont travaillé sur les relations franco-américaines disent que les États-Unis se sentent constamment testés par la France, qui passerait son temps à lui mettre des bâtons dans les roues. La France nous donne le sentiment de toujours exiger des efforts particuliers de la part de l'Amérique, afin de bien montrer aux Français que nous sommes amis et que nous les prenons au sérieux. Aujourd'hui encore on trouve des exemples de cette attitude : les accords avec la Libye concernant les victimes de Lockerbie. Au moment où l'on touche au but, où la solution est enfin trouvée, la France dit : « Non, nous allons tout bloquer, car vous n'avez pas assez tenu compte de notre UTA DC-10. » Une fois de plus, on a pris cela pour un trait de mauvais caractère.

Mais revenons à l'Irak. Les Canadiens et les Mexicains, les uns et les autres partenaires de l'Amérique dans le cadre de l'ALENA, se sont eux aussi opposés à la guerre, pour des raisons morales. L'exemple du Canada, connu pour sa position morale sur les problèmes internationaux, est cependant le plus probant. Vous ne pouvez pas dire que nous ne sommes pas proches – nous avons en commun la plus longue frontière non protégée du monde. Il serait faux de prétendre qu'ils sont systématiquement acquis à notre cause, car ils s'opposent à nous sur un bon nombre de questions. Ils l'ont d'ailleurs fait sur l'Irak. Mais après s'être expliqués, ils se sont tenus tranquilles.

La France s'est révélée incapable d'un tel comportement, à savoir adopter une position morale et de s'y tenir. Elle a préféré faire du lobbying pour rallier des partisans à sa cause. Chirac a-t-il fait cela pour que la morale l'emporte ? Ou a-t-il considéré qu'il s'agissait d'un jeu de pouvoir, qu'il devait prouver qu'il fallait compter avec la France et que se montrer irrespectueux vis-à-vis d'elle pourrait avoir des conséquences graves ? Les Américains ont deux autres explications. Je n'y souscris pas, le genre de cynisme qui les sous-tend ne me correspond pas. D'un autre côté, je n'ai jamais entendu ni l'une, ni l'autre explication être réfutée. La première consiste à dire que l'attitude de Chirac n'était pas le moins du monde morale, mais qu'il visait cyniquement à courtiser la population islamique croissante, et parfois remuante, de la France. Sa visite en Algérie, au même moment, était un geste à l'attention de ce même public. La seconde explication est la suivante : depuis que la France a vendu à l'Irak non seulement le réacteur nucléaire Osiraq – détruit par Israël il y a vingt ans – mais aussi, selon les archives mises à la disposition des Nations unies par l'Irak, 21 % de « l'équipement » utilisé pour fabriquer des armes chimiques, elle se bat pour garder un client. Une troisième explication, un peu moins cynique, suggère que la France ne voulait pas courir le risque de voir révéler avec fracas de tout ce qu'elle avait vendu aux Irakiens. Je sais bien que ce sont là des questions qui n'auront jamais de réponse officielle.

Jean-Marie Colombani

Le premier point ne me paraît pas contestable. Jacques Chirac peut d'ailleurs se prévaloir, au plan intérieur, d'avoir défendu une position consensuelle ; s'il y avait eu un scrutin présidentiel au moment de la guerre d'Irak, il aurait été réélu à 102 % ! La préoccupation d'une forte minorité musulmane, l'inquiétude d'une possible flambée de violence dans ce que nous appelons les cités, c'est-à-dire les banlieues où se concentrent tous les maux de la société française, à commencer par la déshérence des jeunes issus de l'immigration, a sans doute été un élément constitutif de la position française. En revanche, je ne peux vous suivre sur l'accusation du cynisme économique. Non que la France en soit incapable : elle en use et abuse comme les autres, mais en l'espèce le cynisme aurait pu la conduire à participer à la guerre, donc aux profits de la guerre, avec l'espoir de partager avec Halliburton quelques-uns des contrats de l'après-guerre. Non, j'ai bien peur pour vous que ce cynisme-là soit bel et bien celui du vice-président américain.

Je me souviens de la réunion de Davos, au cours de l'hiver 2003. Tous les esprits étaient focalisés sur la perspective de la guerre. Deux orateurs américains y ont tenu la vedette : John Ashcroft, le ministre de la Justice, et Colin Powell, le diplomate. Ashcroft a jeté un froid, tant il a paru brutal et brutalement enfermé dans sa vision. En revanche, Powell a développé la notion d'« empire bienveillant ». Il a expliqué que l'Amérique était bien dans un processus conduisant à la guerre, dont le motif principal était selon lui la chasse aux armes de destruction massive (dont on comprend aujourd'hui qu'elles étaient plus un prétexte qu'une réalité) ; mais était aussitôt affirmée l'idée que les Américains ne faisaient pas cette guerre par idéologie, ni même pour affirmir un empire, ni encore pour créer une sorte de protectorat sur cette région du monde. Non, ils allaient mener cette guerre pour assumer leur destin de puissance « bienveillante ». Powell rappelait en effet que dans l'histoire, les États-Unis se sont déplacés hors de leurs frontières pour faire le sale travail que leurs alliés leur demandaient de faire, c'est-à-dire la remise en ordre du monde, la restauration de démocraties quand celles-ci avaient été abattues, avant qu'ensuite, mission accomplie, les États-Unis ne se retirent. Par conséquent, ils ne partiraient pas en Irak pour y rester, une fois Saddam Hussein écarté, mais ils s'en retireraient, une fois la démocratie établie, et retourneraient alors à leur activité principale, à leur vocation, c'est-à-dire d'être une république commerciale, une république marchande dont le progrès a été dû bien davantage aux échanges qu'à des conquêtes extérieures. Dans le même ordre d'idées, à bien observer le « corps expéditionnaire » américain en Irak, il me semble que les soldats américains – sauf les forces spéciales – ne se vivent ni comme des justiciers, ni comme des conquérants, mais sont avant tout soucieux de rentrer chez eux, et de reprendre le cours d'une vie paisible et pacifique. Nous sommes loin des légions romaines, encore aussi loin des armées de la toute jeune république française, lorsqu'elles partaient instaurer d'autres républiques en Italie, sous les ordres du général Bonaparte. *A priori*, comment ne pas croire Colin Powell, qui est lui-même une personnalité « bienveillante ». Mais lui-même doit bien savoir, pour l'avoir appris à West Point, que la démocratie ne peut pas être un empire. On en revient donc à la notion de multilatéralisme, celle-là même que récuse la nouvelle doctrine stratégique américaine.

Quelle est la différence fondamentale avec le passé ? Dans la seconde partie du XXe siècle, les États-Unis ont organisé sous leur commandement, parce qu'ils étaient les libérateurs de l'Europe et parce qu'ils étaient la nation la plus puissante, une coalition, dont l'objet était de contenir le bloc soviétique. En lieu et place de cette doctrine, s'est imposée l'idée aux États-Unis que tout part de la définition, par Washington, de l'intérêt national américain et que tout le reste en dépend. Selon l'expression que vous employez, en effet, qui assure que ce qui est bon pour l'Amérique est bon pour nous. De cette définition de l'intérêt national américain naît une mission. Cette mission ayant été définie par Washington, de préférence par le département de la Défense, et non par le département d'État, ce qui fait une sérieuse différence, il faut constituer une coalition. Celle-ci est à géométrie variable, selon le territoire et l'objet de la mission. Voilà donc une doctrine totalement inverse de celle qui a soudé l'Europe aux États-Unis pendant cinquante ans : car le ciment entre l'Europe et les États-Unis était une coalition reposant sur une communauté de défense, celle-ci reposant à son tour sur l'idée que nos intérêts essentiels, vitaux, étaient communs. Désormais, il ne s'agit plus de la définition d'intérêts communs, mais bien plutôt de la constatation d'un intérêt national américain qui assigne et définit une mission. Et ensuite ? Eh bien « qui m'aime me suive » ! Les Anglais suivront toujours certes, mais les autres, dont nous sommes, ne sont pas nécessairement obligés de suivre dans un tel schéma, par définition nationaliste, souverainiste, comme diraient les Canadiens. C'est dans ce changement de paramètres stratégiques que réside le cœur du problème. Et non dans la notion de bienveillance ; car l'on sait très bien que les États-Unis n'ont pas vocation à annexer l'Irak pour en faire un cinquante-deuxième État.

Outre que la notion d'empire est contraire à l'idée même que l'on veut exporter, à savoir la démocratie, elle doit être reliée à la nouvelle doctrine stratégique qui, encore une fois, définit *stricto sensu* un intérêt national américain à partir duquel s'organisent des coalitions. Nous sommes là au cœur du fossé, de la discorde transatlantique. À quoi il faut ajouter cet argument massue au cœur de l'énoncé de cette doctrine stratégique, de nature à faire frémir les Européens qui souhaitent voir s'affirmer une identité européenne, qui consiste à considérer que l'effort de défense, économique et technologique américain doit tendre à éviter qu'aucun État ne puisse, jamais, « rattraper » les États-Unis. Nous ne sommes plus en présence de l'énoncé d'une doctrine stratégique commune qui soude la communauté atlantique, mais bien devant une déclaration de guerre économique, technologique, politique aux alliés des États-Unis, ou en tout cas, à ceux des alliés des États-Unis qui ne veulent pas se plier à cette vision du monde. Ceux qui ne veulent pas suivre sont en face de ce qui peut légitimement être perçu comme une forme de déclaration d'hostilité, c'est un discours seigneurial, d'un seigneur à ses vassaux, comme au Moyen Âge. Quelle régression !

C'est en France quelqu'un qui est considéré comme un grand intellectuel, Régis Debray, qui a inspiré à Hubert Védrine, l'ancien ministre de François Mitterrand, et à Jacques Chirac, l'idée des « États-Unis d'Occident » pour caractériser la nouvelle politique américaine. Outre le fait qu'il s'est souvent trompé, je suis en désaccord radical avec Régis Debray, avec sa vision du monde et surtout sa vision des États-Unis. Sauf que, lorsque l'on voit se déployer sous nos yeux cette nouvelle doctrine stratégique américaine, comment ne pas constater que les États-Unis apportent de l'eau au moulin des idéologues de l'antiaméricanisme. Parce que nous sommes en présence d'une doctrine impériale. Après, peu importe que l'empire soit accolé au mot bienveillant, nous n'avons que faire de l'empire. La France a eu un Premier Empire, puis un Second Empire, libéral à partir de 1860. Leurs fins furent tragiques, toujours marquées par l'aventure militaire. Les empires finissent toujours mal, donc mieux vaut s'en prémunir.

Walter Wells

Oui, habituellement, les empires finissent mal, mais croire à ce cliché ne signifie pas pour autant que l'Amérique est un empire. Théodore Roosevelt était notre président le plus « impérial », et pourtant, avant d'entrer en guerre à Cuba pour en chasser l'Espagne, il a dû promettre de ne pas chercher à coloniser l'île. Voilà probablement un autre cas de politique étrangère sur lequel les Américains ont souvent regretté de n'avoir pu revenir en arrière au cours des cinquante dernières années. Au moment de l'épisode de la Baie des Cochons, c'est peut-être ce que nous voulions essayer de faire.

Sans vouloir prendre les choses trop au pied de la lettre, il m'est quand même difficile de dissocier la notion d'empire de celle de territoire. La France a connu l'empire, les États-Unis pratiquement pas. On dit souvent que dans toutes les guerres auxquelles les États-Unis ont pris part, – ou plutôt dans lesquelles on les a appelés en renfort –, ils n'ont jamais réclamé plus que l'espace nécessaire pour enterrer leurs morts. C'est émouvant, mais l'anecdote a le mérite d'être vrai. La notion d'empire évoque l'ère napoléonienne, durant laquelle la quête de l'empire a semé un désordre total sur tout le continent européen. Aujourd'hui, nous sommes confrontés au nouveau type de désordre que sème la menace terroriste.

Plus proche de nous, nous avons l'exemple de l'empire soviétique. Mais aujourd'hui, le monde peut à nouveau être divisé en deux : pas entre l'est et l'ouest, pas un monde dominé par les Soviétiques et les Américains, mais un monde partagé entre l'ordre, derrière l'Amérique, et le désordre, derrière Kim Jong Il, Saddam Hussein et Oussama Ben Laden.

Le mot empire provoque en nous autres Américains un réflexe de recul, car l'expérience que nous avons de la notion d'empire est négative : nous avons fait partie de l'empire britannique, nous avons vu les catastrophes provoquées par Napoléon, nous avons vu Hitler bâtir un empire esclavagiste d'une brutalité sans égale, nous gérons aujourd'hui encore les conséquences de la décolonisation dans les anciens empires anglais et français, etc. Quand il a racheté la Louisiane et poursuivi l'expansion vers l'Ouest, Jefferson parlait d'un « empire de liberté ». C'était avant que l'expression politiquement correcte de *Manifest Destiny* n'apparaisse. À dire vrai, je n'ai pas encore trouvé la formule « empire bienveillant » dans les propos de Colin Powell – j'ai passé pas mal de temps à rechercher cette expression, parce que je trouvais curieux qu'un secrétaire d'État américain emploie le mot d'empire pour décrire la politique américaine. Officiellement, nous récusons même le mot d'hégémonie ; aussi, l'idée que Powell lui-même ait adopté l'étiquette d'empire bienveillant pour évoquer une politique à laquelle il participe me laissait-elle sceptique. À Davos, il a parlé d'instaurer la confiance entre les nations, ainsi que de la responsabilité de l'Amérique dans le monde. Il est clair qu'en Irak, nous avons échoué à établir un climat de confiance suffisante.

Mais ne chicanons pas sur les mots. Si ce n'est pas Robert Kagan qui a inventé l'expression, c'est lui qui a développé les arguments de la bienveillance américaine – qui, souvenez-vous, signifie « faire le bien », non pas « faire le mal » –, dans un article publié en 1998 [8]. Clinton état alors au pouvoir, et Kagan introduisait son propos en décrivant les inquiétudes des pays étrangers, parmi lesquels la France, concernant le risque que courait le monde alors que l'Amérique était tout entière absorbée par une stupide question de politique intérieure. Cette inquiétude n'était pas superficielle, elle était tout à fait légitime. La locomotive de l'économie mondiale allait-elle se trouver affaiblie parce que l'Amérique se focalisait absurdement sur la vie sexuelle du président ? Les poudrières du monde – les Balkans, la péninsule coréenne, le Moyen-Orient – allaient-elles exploser pendant que l'Amérique regardait ailleurs ?

Il est intéressant de relire aujourd'hui l'article de Kagan, et de le replacer dans son contexte. L'Amérique menaçait d'intervenir unilatéralement contre Saddam Hussein. Madeleine Albright, après son voyage au Moyen-Orient, en 1998, pour solliciter le soutien de cette entreprise contre Saddam Hussein, avait dit : « Nous préférerions agir multilatéralement, mais si cela se révèle nécessaire, nous interviendrons unilatéralement. » Bien évidemment, il n'en a rien été – Clinton s'est fait rattraper par le scandale Lewinsky, et plutôt que d'utiliser la guerre comme diversion, il a laissé les Nations unies tergiverser au lieu de tenir tête à Saddam Hussein. La France, la Russie et la Chine, elles, étaient à la tête des pays favorables au compromis.

Revenons-en à Kagan et à sa conception de l'Amérique comme empire bienveillant – bien que je préférerais la vieille expression de sphère d'influence,

---

8. « The Benevolent Empire », *Foreign Policy*, été 1998.

qui aujourd'hui englobe généralement la Russie et la plupart des pays du bloc de l'Est. Même si je ne suis pas tout à fait d'accord avec ces termes, le statut de l'Amérique comme hyperpuissance mondiale me paraît indéniable. Je ne conteste pas non plus qu'il lui est arrivé parfois d'exercer sa puissance avec autorité, et que cela a provoqué un vif ressentiment. Dans son article de 1998, Kagan soulève l'hypothèse que ce n'est pas la folie des grandeurs qui conduit aujourd'hui l'Amérique à adopter, de temps à autre, un comportement arbitraire, mais l'usure. La présence de l'Union soviétique imposait à l'Occident une discipline qui a disparu avec la chute de l'URSS. Le nouvel ennemi global, le terrorisme, n'est pas monolithique comme l'était l'empire soviétique ; par conséquent, on le perçoit, à tort, comme moins dange-reux pour le monde. On s'accorde plus difficilement sur la méthode à employer pour le contrer. Nous pensions qu'il fallait commencer par l'Afghanistan et l'Irak. D'autres pensaient qu'il n'y aurait pas de solution tant que la question palestinienne n'aurait pas été résolue.

Quel que soit le mot employé – empire, hyperpuis-sance, ou peut-être, selon l'expression de Madeleine Albright, « la nation indispensable » –, la position de l'Amérique tire son origine de deux facteurs : son pouvoir politique et son pouvoir économique. Ces deux sources de puissance sont nées au lendemain de la Seconde Guerre mondiale. Le système que l'on a mis en place alors a été si bénéfique pour les nations décimées par le conflit – vous noterez que « bénéfique » se rapproche de « bienveillant » – qu'il est trop bien ancré aujourd'hui pour être démantelé. Il a enrichi l'Europe et a eu pour résultat que le *soft power* est le seul type de pouvoir qu'ait l'Europe vis-à-vis des États-Unis. Dans cette situation, ce que Kagan appelle la « multipolarité honorifique » est la seule qui soit ouverte aux Européens, individuellement ou collectivement. L'Amérique peut accorder un certain pouvoir à l'Europe, les Européens peuvent être recrutés pour être ses partenaires sur un pied d'égalité. Mais de quelle égalité s'agit-il ? Aucune – en fait, c'est le contraire. Il s'agit de condescendance et de paternalisme, et la « vieille Europe » risque même de se voir congédiée au profit de la « nouvelle Europe » qui deviendrait un partenaire multipolaire honorifique.

La puissance économique, vous l'avez souligné à juste titre, est plus problématique. Non seulement celle de l'Europe rivalise avec celle de l'Amérique, mais l'essor économique de l'Inde, de la Chine et des autres pays d'Asie, de l'Amérique latine et, vraisemblablement, d'ici peu de l'Afrique, réduit forcément la primauté économique des États-Unis. Le secteur industriel suscite tout particulièrement les inquiétudes, car les emplois industriels aux États-Unis disparaissent les uns après les autres, pour être délocalisés vers des régions où les coûts de production sont moins élevés. Cette tendance doit préoccuper l'Europe tout autant que l'Amérique, où des économistes s'en inquiètent car elle qui risque de faire de nous les nouveaux pauvres. Si elle en arrive à ce stade, l'Amérique ne pourra probablement plus assumer la puissance militaire qui lui a permis jusqu'à maintenant de s'imposer hors de ses frontières. C'est alors que cette entité que je me refuse à appeler l'empire américain finira mal, comme il en va de tous les empires.

Jean-Marie Colombani

Conséquence de l'unilatéralisme et de la nouvelle stratégie américaine, l'Europe ne jouit plus de la même clémence de la part des États-Unis. Pendant cinquante ans, l'Europe a été considérée aux États-Unis comme un mal nécessaire, avec, selon la couleur des gouvernements américains, plus d'allant ou moins d'allant, mais en tous cas l'idée dominait que la construction européenne était bonne pour l'Occident. Évidemment, car la construction européenne, au départ, est un des éléments de la reconstruction de l'Europe libre face au bloc soviétique. Le cap de la fin de la Guerre froide fut difficile à passer ; George

Bush père l'accompagna de façon intelligente vis-à-vis de l'Allemagne, sans remettre en cause le processus de l'unification européenne. Les Européens échangèrent avec les Allemands, l'acceptation de l'unification – à vrai dire pouvaient-ils faire autre chose que d'accepter – contre l'ancrage fort de l'Allemagne dans l'Europe à travers l'euro. Ce fut le « *deal* » historique que l'on doit à Helmut Kohl et à François Mitterrand, à la capacité qu'ils eurent l'un et l'autre de faire triompher un « bien commun » européen. Il faut se souvenir qu'à l'époque, l'Allemagne apparaissait forte de sa monnaie ; et cela constitua un grand sacrifice pour elle que de la sacrifier sur l'autel de l'euro. Cependant nous vivions alors dans un contexte où les États-Unis acceptaient, et à l'occasion encourageaient, l'Union européenne.

Désormais, le schéma s'est inversé. S'installe en France, l'idée que les États-Unis sont devenus hostiles à l'unification européenne. Et que leur problème est de la démanteler, parce que cela ne correspond plus à leur intérêt. Les États-Unis, avec l'aide de la Grande-Bretagne, n'acceptent l'Europe – rejoignant une constante de la diplomatie britannique – qu'à la condition qu'elle se contente d'être une simple zone de libre-échange, et non comme un territoire où s'édifie une puissance politique. Or, la conception traditionnelle de l'Europe, celle qui a réconcilié la France et l'Allemagne, repose fondamentalement sur un objectif : l'édification progressive d'une identité et d'une puissance européennes. Tout se passe comme si les États-Unis avaient rallié la conception chère aux Conservateurs britanniques d'une zone de libre échange, d'un vaste marché unique et ouvert – ce qu'elle est déjà – et s'attachent à défaire et à diviser l'Europe. D'où cet axe Londres-Madrid-Varsovie destiné à contrarier l'axe Paris-Berlin, pour faire prévaloir une vision de l'Europe beaucoup plus lâche, beaucoup moins organisée, où les États-Unis puisent, à mesure de leurs besoins, dans leur contingent d'alliés pour satisfaire tel ou tel de leurs objectifs, selon cette doctrine : « la mission définit la coalition ». Une telle conception heurte évidemment de front l'idée que nous nous faisons du destin européen, de l'unification européenne. Or, l'arme des États-Unis, c'est l'OTAN, qui n'est plus à considérer comme une simple alliance militaire, mais qui est devenue une arme politique, le cadre politique concurrent de l'Union européenne, à travers lequel on agrège les anciens pays de l'Est, et avec lequel se noue une alliance politique beaucoup plus forte avec la Russie. Le grand changement est là, dans des États-Unis perçus comme les ennemis d'une édification d'une Union européenne intégrée. Et cela change considérablement la façon de percevoir les États-Unis.

Walter Wells

L'idée que les États-Unis ont la ferme intention de détruire l'Union européenne est particulièrement vivace. Je ne crois pas qu'il en existe la moindre preuve, à l'exception du genre d'arguments que les lecteurs envoient à mon journal, peut-être aussi au vôtre, pour démasquer quelque grande conspiration.

Mais laissons de côté le courrier des lecteurs : dans les relations entre nations, comme dans les relations entre hommes, il est parfois nécessaire de prendre les gens au mot. Que savons-nous de l'attitude de l'Amérique envers l'Europe et de ce qu'elle souhaite pour l'Union européenne ? Le président Bush a dit : « Nous souhaitons une Europe sincèrement unie, sincèrement démocratique et sincèrement diverse – un ensemble de peuples et de nations liés les uns aux autres par une intention commune et un respect mutuel, et fidèle à leurs propres racines. » [9] Depuis la création du Marché commun, nous nous sommes opposés sur des futilités comme les bananes, mais nous n'avons jamais eu de dispute sérieuse et définitive au sujet de nos objectifs ou de nos méthodes.

Nous considérons l'OTAN comme une alliance militaire, et non politique. Elle représente une alliance qui nous

---

9. George W. Bush, discours à l'université de Varsovie, le 15 juin 2001.

engage, nous et le Canada, pour une action significative et efficace en faveur d'un projet commun avec l'Europe.

La vraie question au sujet de l'Union européenne n'est pas de savoir si elle est ou non menacée par l'Amérique. C'est plutôt de savoir jusqu'à quel point l'Europe peut s'unir. Plus qu'elle ne l'était en 1939. Plus qu'en 1962. Mais l'Union demeure un ensemble de nations qui résistent à l'abandon de leur souveraineté et de leur identité au profit d'un projet commun qui les engage plus que sur un plan simplement économique. Et même ce projet économique est abordé sous l'angle de la multipolarité – oserai-je l'appeler ainsi ? –, à cause de la faiblesse des économies française et allemande et du besoin de dépasser le plafond fixé par les traités, qui limitent le déficit public à 3 % du PIB.

Je sais que la création des États-Unis d'Amérique a été beaucoup plus facile que ne le sera celle d'une Europe unie. Nos fondateurs ont pris possession d'un pays vierge, dans lequel ils ont imposé une nation. Et ils ont imposé leur nation et leur nationalité aux vagues d'immigrants qui arrivaient. L'Europe est partie de six nations indivi-duelles, puis douze, puis quinze, et maintenant vingt-cinq ; chacune d'entre elles a une identité forte, une histoire dont elle est fière, chacune a ses alliances tradi-tionnelles et ses propres réponses aux problèmes. C'est cela le vrai défi pour l'Europe : achever son unité, au lieu de lutter contre de prétendues menaces transatlantiques.

Que le président de l'Union européenne n'ait pas conscience de l'impact de ses propos quand il traite quelqu'un de nazi, et que les Allemands lui répondent en traitant les Italiens de fous n'est qu'un détail dans le développement de l'Union européenne, mais l'anecdote alimente les conversations.

Jean-Marie Colombani

Well you had Spiro Agnew – we have Berlusconi. [10]

---

10. Vous, vous avez eu Spiro Agnew – nous, nous avons Berlusconi.

Walter Wells

Et nous l'avons pincé !

Jean-Marie Colombani

Tout est une question de taille : selon que l'on est petit ou grand, on voit le verre à moitié plein ou à moitié vide. Les Américains, s'agissant de l'Europe, le voient presque vide. C'est la fameuse réflexion d'Henry Kissinger : « L'Europe, mais quel numéro de téléphone ? ». Vu d'ici, le numéro de téléphone se constitue. Peut-être faut-il dire aux Américains que l'Europe est au seuil de l'adoption d'une Constitution. Une Constitution modeste, sans doute, qui ne change pas la réalité économique majeure que sont les très faibles ressources accordées par les États à leur budget communautaire, qui ne conduit pas au fédéralisme mais prétend jeter les bases d'une « fédération d'États nations », qui préserve dans trop de domaines la loi de la majorité, et donc laisse entre les mains anglaises, polonaises ou françaises autant de droits de veto, donc de possibilités de tout bloquer, au nom du nationalisme. Mais c'est un premier élément d'une affirmation politique sans exemple dans l'histoire. Parce que l'on a affaire, comme vous le disiez, à de vieilles nations qui se sont, au long de leur histoire, déchirées et entre-tuées. Parce que tour à tour Venise, Rome, Lisbonne, Madrid, Berlin, Londres, Amsterdam, Paris sont des villes, des pays qui ont dominé le monde. Que ces pays en soient venus à considérer que leur destin n'était plus solitaire, ou impérial, mais devait être de se rassembler est encore une fois, sans précédent dans l'histoire. Que ce chemin soit long, évidemment. Que l'Europe, depuis l'adoption par douze pays, d'une monnaie, l'euro, paraisse à bout de souffle, nous ne le savons et le mesurons chaque jour que trop. Mais depuis le traité de Rome, en 1957, l'Europe a constamment progressé, par cycle de dix années. Le dernier progrès en date fut la monnaie ; le

prochain sera une Constitution. D'autres étapes viendront, quitte à ce qu'il y ait plusieurs vitesses dans la
construction de cette Europe, car l'élargissement à
vingt-cinq états a été mal préparé. Il appartiendra à
ceux des responsables qui ont la foi en un destin européen chevillée au corps de rassembler un noyau dur,
pour éviter d'être dilué dans une simple zone de libre
échange, schéma qui convient mieux aux États-Unis
qu'une Europe forte politiquement.

En attendant, il n'y a eu ni guerre civile, ni conquête de
l'Ouest. Il est vrai que les deux guerres mondiales précé-
dentes ont été au départ d'hallucinantes guerres civiles
intra-européennes. Les Européens n'ont aucune leçon à
donner. Constatons simplement qu'ils ont tiré les leçons de
l'Histoire, et que celle-ci les porte à se rapprocher. De ce
point de vue, leur marche en avant est exemplaire parce
qu'elle est obstinée, opiniâtre. Et si elle s'est faite, dans un
premier temps, en dehors des opinions, elle progresse
désormais avec l'adhésion de ces opinions. Voyez le
consensus, partout en France, en faveur de l'élargissement
aux anciens pays de l'Est : il s'agit d'un choc considérable
pour les pays concernés, ceux qui accueillent, et ceux qui
adhèrent. Je suis de ceux qui regrettent les lenteurs de la
Constitution politique, et les faiblesses de la Constitution
économique. Mais le « peu » qu'il y a a été un moteur
formidable. La France n'a vraiment accédé à un niveau de
développement moderne que grâce à son arrimage à
l'Europe. De même pour les autres pays fondateurs de
l'Union européenne, l'Europe a été le principal levier qui
leur a permis de se moderniser et de progresser comme
jamais dans leur histoire économique. Regardez le rythme
de l'Espagne et du Portugal hier, celui de la Grèce
aujourd'hui, sans parler du plus bel exemple qui soit, c'est-
à-dire l'Irlande. Il n'y a pas une terre plus maudite que
l'Irlande, une terre de pauvreté et de misère, au point que
tant d'Irlandais ont du chercher refuge en Amérique, une
colonie qui a été martyrisée par la Grande-Bretagne
pendant des siècles, et dont le revenu moyen est
aujourd'hui égal au revenu moyen britannique. Quelle

victoire ! Qui le lui a apporté ? L'Union européenne. Qui dit mieux ? On peut donc dire : ce n'est que de l'économie. Mais l'économie, en elle-même est un progrès considérable, parce qu'une malédiction historique a été vaincue. La pauvreté de l'Espagne sous la dictature franquiste ressemble à la pauvreté de certains pays africains d'aujourd'hui. Demandez donc aux élites marocaines comment elles envisagent de sortir leur pays de la pauvreté. En se rapprochant de l'Union européenne. L'Europe est une idée politique phénoménale, extraordinaire, riche encore de mille potentialités inexplorées et inexploitées. Patience !

Dans la phase dans laquelle nous sommes, la crise de la relation transatlantique – le point de départ de l'Europe unie a été le plan Marshall – il faut faire très attention à l'attitude américaine. On ne peut pas préserver ni faire vivre une communauté transatlantique, sans l'affirmation d'un pilier européen. Personnellement, l'erreur que j'impute aux dirigeants français actuels, est de considérer que cette identité européenne ne peut se construire que contre les États-Unis. L'unité européenne est, de de Gaulle à Mitterrand en passant par Giscard, une ambition française, l'axe de la politique du pays. Or la conduite adoptée par Jacques Chirac face à George Bush a pour le moment pour effet d'affaiblir la place relative de la France et surtout sa capacité à faire progresser ses idées. On voit bien le raisonnement français : puisque les règles de l'atlantisme ne lient plus les États-Unis, la France a décidé de s'en affranchir. Soit. Mais emporté par son élan, le couple Chirac-Villepin a pris sur lui de pousser le bouchon plus loin encore en prenant la tête de l'opposition – il est vrai majoritaire dans toutes les opinions du Vieux Continent – à la politique américaine. Cette attitude, qui consiste à contrer l'Amérique dès que cela est possible, a eu pour effet d'aider Washington à diviser l'Europe.

Je considère à l'inverse que l'Union européenne doit se construire avec les États-Unis. Encore faut-il que les États-Unis – nous attendons avec impatience l'élection présidentielle – ne tournent pas le dos à l'Union européenne. Nous vivons ce moment historique, ce tournant. Le discours de Bush à Varsovie, ses prises de position à Madrid, sont autant de discours qui ne sont pas explicitement hostiles à l'Union européenne, mais qui proposent d'autres schémas politiques possibles, de sorte que l'effort de la diplomatie américaine consiste à diviser les Européens.

Les Européens se divisent eux-mêmes aussi, l'Irak a été l'occasion de cette division. Surmonteront-ils ces divisions ? Le gouvernement américain actuel s'emploiera à les entretenir. La politique française aussi, si elle continue d'avoir pour seule ambition de se réjouir des échecs annoncés de l'Amérique. Mais en même temps, la promotion par Bush des règles du jeu édictées par lui seul aura immanquablement pour effet, à un moment ou un autre, d'encourager tous ceux qui estiment que seule une Europe forte sera à même de défendre les intérêts des Européens, puisque Washington ne les prend plus en compte. Il y a deux camps aujourd'hui : ceux qui limitent la crise actuelle aux effets de la politique Bush et croient que, si la donne change à Washington, une nouvelle chance sera donnée à l'Europe et aux États-Unis de s'accorder sur l'essentiel, et ceux qui au contraire pensent que la dérive des continents va dans le sens de l'Histoire. Je suis plutôt du premier camp : j'espère que d'autres gouvernements américains corrigeront les erreurs de Bush, comme d'autres gouvernements français en viendront à une conception différente de l'identité européenne, qui n'a pas nécessairement à s'affirmer contre les États-Unis comme le croit Jacques Chirac. Les Européens ont suffisamment d'enjeux entre eux, d'obstacles à surmonter : ils n'ont pas besoin d'un ennemi extérieur. Hier c'était l'Union soviétique ; il serait fou de considérer aujourd'hui, que l'ennemi puisse devenir les États-Unis. Ce serait un contresens historique. Mais de la part des États-Unis, c'est aussi un contresens, de vouloir contrarier une édification européenne qui sera un puissant facteur de prospérité et de stabilité.

CHAPITRE IV

L'Amérique et la France, entre rêve et réalité

L'Amérique fascine autant qu'elle exaspère. La France séduit autant qu'elle indiffère. De chaque coté, les images idéalisées mêlent illusions et fantasmes. Entre rêve et réalité, américanophilie et francophilie érigent le pays aimé, sinon en modèle, du moins en exemple ou en source d'inspiration. Les frictions des derniers mois ne doivent pas faire oublier que l'américanophilie et la francophilie sont aussi des réalités profondément ancrées dans les sociétés française et américaine.

Les États-Unis ont toujours fasciné les Français. Quand Chateaubriand croyait retrouver sur le nouveau continent la pureté des origines, Tocqueville, Jules Verne ou Georges Duhamel percevaient avec effroi ou enthousiasme que l'Amérique était le laboratoire de l'avenir. Liberté et modernité, prospérité économique, *american way of life*, mythe du *self-made-man*, une certaine simplicité des rapports sociaux faite de décontraction et de cordialité, cosmopolitisme de la société américaine forment l'image attrayante des États-Unis, qui hantent les esprits français.

Les Américains, de leur côté, ont longtemps souffert d'un complexe d'infériorité à l'égard d'un pays qui symbolise le bon goût, le raffinement et la grande culture, et qui érige l'art de vivre en emblème national. La patrie de La Fayette suscite une profonde admiration chez une certaine frange de la population américaine. En d'autres temps, Thomas Jefferson alla même jusqu'à déclarer : « Chaque homme a deux pays, le sien et la France. » Peut-on imaginer plus profonde marque d'attachement ?

« D'une certaine façon, l'histoire des relations franco-américaines est l'histoire des oscillations de l'opinion vis-à-vis des États-Unis. Aux vagues d'engouement aussi soudaines qu'exagérées succèdent des vagues de rejet non moins soudaines et exagérées comme si l'opinion ne trouvait son équilibre que dans le mouvement même de la bascule. »[1] Cet équilibre instable, cette tension permanente entre des sentiments et des opinions contradictoires mérite, par conséquent, un examen attentif. Dans quelle mesure peut-on parler d'américanophilie et de francophilie ? Comment expliquer l'attirance qu'exercent la France et les États-Unis ? Et, à l'inverse, quels sont les travers, réels ou supposés, prêtés le plus souvent à l'un et l'autre des deux pays ? L'amour comme la haine se nourrissent d'illusions. Les relations franco-américaines n'échappent pas à la règle.

Jean-Marie Colombani

Je ne suis pas certain qu'on puisse parler d'une américanophilie française à l'égal des courants antiaméricains. Néanmoins, pour les démocrates, l'Amérique est un modèle. En France, existe toujours le besoin de catégorisation, de façon à toujours bien distinguer les purs des impurs. Les purs sont les républicains, les impurs sont les démocrates, selon la célèbre distinction opérée par Régis Debray. Ce qui tendrait à dire que la démocratie n'est pas républicaine, mais également que la République n'est pas démocratique. Cela est assez logique car le courant

---

1. Denis Lacorne *et alii* (dir.), *L'Amérique dans les têtes, un siècle de fascinations et d'aversions*, Hachette, 1984, p.19.

national-républicain qui domine aujourd'hui la sphère médiatique et intellectuelle française prétend puiser aux origines de la République ; celles-ci, en France, sont consulaires. La France porte davantage les marques de la République consulaire que de la monarchie d'Ancien Régime. Bonaparte premier consul marque encore de son empreinte la France du début du XXIᵉ siècle. En tous cas, cette distinction entre démocrate et républicain recouvre, certes très schématiquement, le clivage entre les partisans et les détracteurs du modèle américain : les républicains se considèrent comme capables de vivre leur identité républicaine sans contagion américaine, tandis que les démocrates sont, à en croire Régis Debray, totalement inféodés, voire corrompus par le modèle américain.

Il reste que ce courant démocrate, qui puise sa source dans les écrits de Tocqueville, irrigue toute la vie démocratique française. Le sentiment tocquevillien dans la société française situe en Amérique le lieu à la fois de l'expérimentation démocratique et de réalisation d'un modèle de démocratie. Cet héritage tocquevillien inspire plutôt la droite libérale, par opposition à la droite gaulliste ou nationaliste, mais il est également très présent à gauche. Car le courant social-démocrate français est naturellement plus tourné vers les États-Unis que le courant communiste. Le courant social-démocrate est atlantiste. Il est intéressant de noter que le mot même « atlantisme », qui devrait être une façon de vivre une certaine communauté d'esprit, qui est aussi une communauté d'intérêts avec l'Amérique, est considéré comme un péché en France, presque une injure. Quand on dit de quelqu'un qu'il est atlantiste, c'est pour le dénoncer. Ainsi de Gaulle et les siens dénonçaient-ils, lors de la campagne présidentielle de 1965, le « parti américain », pour fustiger la candidature du représentant d'alors de la démocratie-chrétienne française, Jean Lecanuet. Droite libérale, démo-chrétienne et gauche réformiste ont pourtant toujours vu dans l'évolution de la société américaine des éléments de progrès pour l'Europe. La IVᵉ République, dominée par les socialistes et les démo-chrétiens

– l'alliance de ces deux courants en Europe a produit le traité de Rome – a été brocardée, dénoncée et finalement abattue, notamment parce qu'elle était réputée atlantiste, c'est-à-dire inféodée aux États-Unis. Et il est arrivé, dans les années 1970, à une partie de la gauche, alliée aux gaullistes et aux communistes, de se rassembler dans un « Comité contre l'Europe germano-américaine ». Il faut avoir en tête cette catégorisation-là et cette constante historique. L'Amérique comme arme de politique intérieure contre la gauche réformiste pour comprendre les regards français portés sur les États-Unis.

Regardons maintenant les élites françaises. L'élite de l'élite, celle qui souhaitait envoyer ses enfants à l'ENA, il y a encore dix ou quinze ans, les envoie aujourd'hui aux États-Unis. Il s'agit, par définition, d'une sélection par l'argent qui contourne l'égalitarisme du système français ; car pour envoyer ces enfants aux États-Unis, c'est l'argent qui est la barrière discriminatrice. En même temps, le modèle des élites françaises n'est pas loin d'intérioriser l'idée d'une « vieille » Europe, par rapport à la « jeune » Amérique. Cela va des camps de vacances dans le Vermont jusqu'à des expériences universitaires d'été, voire des cursus universitaires. Aujourd'hui, sortir du MIT ou d'autres universités américaines prestigieuses n'est peut-être pas plus valorisé par les élites françaises que de sortir de Polytechnique, de Centrale, ou de l'ENA, mais est admis comme un complément indispensable au parcours qui conduit à une « grande » école. Or la France s'accommode mal du puissant soupçon de reproduction qui pèse sur notre système scolaire et qui nourrit, à l'égard de ces mêmes élites, un ressentiment social fort ; lequel est, à mes yeux, l'un des principaux ressorts du malaise français. Il n'est pas absurde de penser que ce malaise alimente à son tour le sentiment antiaméricain, puisque les États-Unis sont le lieu de formation de ces élites inatteignables.

De même les intellectuels. Leur créativité me semble parfois indexée sur la durée de leur séjour dans les universités américaines. À vrai dire, comment en serait-il autrement ? La Renaissance ne pouvait se concevoir que dans le développement des échanges entre les universités sur tout le territoire européen. Il en va de même désormais de part et d'autre de l'Atlantique. Cela pour montrer que les débats français sur l'Amérique ne sont exempts ni d'arrière-pensées politiques, ni d'une bonne dose d'hypocrisie. La culture populaire elle, à l'inverse, serait plutôt un facteur de rapprochement. Il s'agit moins toutefois d'un modèle américain que d'un bain culturel commun, riche de multiples apports. Par la musique qui se nourrit aussi bien de dérivés africains, latino-américains, que maghrébins ; par la télévision, qui crée des standards communs, si bien qu'un Américain à Paris ne doit pas être trop dépaysé : il peut suivre sa série télé favorite, le plus souvent en « v.o. ». Séries dont beaucoup sont, il est vrai, de qualité, comme si la créativité des auteurs, muselée par Hollywood, avait trouvé refuge sur certaines chaînes de télévision.

À mes yeux, l'ambivalence du sentiment français – amour/haine – a aussi une explication : la France admire et déteste à la fois, à travers les États-Unis, une prolongation de ce qu'elle a été : la réussite d'ambitions qui furent les siennes. Les États-Unis sont la perpétuation d'un modèle, celui d'une République universelle, que la France n'a cessé de poursuivre. Au fond, ce que l'on envie aux États-Unis n'est autre que ce que l'on aurait voulu continuer d'être. Mais il n'aurait pas fallu perdre à Waterloo...

Quant à Mitterrand, il ne s'est jamais écarté de la ligne que le courant socialiste a toujours suivie. Lors de la crise des euromissiles, en 1982 et 1983, lorsque la grande affaire était de savoir si les Européens accepteraient que les États-Unis répliquent à l'installation des missiles soviétiques SS.20, c'est lui qui a dit : « Les missiles sont à l'Est, les pacifistes à l'Ouest ! ». Crise stratégique, réponse stratégique : ce fut le début de la fin de l'URSS, en fait. De même Mitterrand a-t-il soutenu sans hésiter George Bush père lors de la première guerre du Golfe. Qu'a-t-il dit ? Que la France devait « tenir son rang » parmi ses alliés. Malgré une opposition large et multiforme à cette

« guerre américaine », la pédagogie de Mitterrand a permis de rallier une majorité de Français à une politique que d'aucuns continuent à décrire comme « atlantiste » mais qui, à mes yeux, permettait à la France de préserver son leadership en Europe.

Ce qui était vrai des socialistes au niveau politique l'était aussi à d'autres niveaux : syndical par exemple. À l'origine en effet, l'Europe s'est reconstruite autour de deux piliers atlantistes : l'un démocrate-chrétien et l'autre social-démo-crate. Avec des relais syndicaux. Aujourd'hui, les repères ne sont plus les mêmes parce que c'est Bernard Thibault, le leader de la CGT qui est accueilli en triomphateur au congrès socialiste de Dijon. Mais il s'agit moins d'une conversion des socialistes français à ce qui pourrait rester du communisme, que de la conversion au réformisme de la CGT, anciennement « courroie de transmission » du PCF et aujourd'hui membre de la Confédération européenne des syndicats. Auparavant, le lien organique des socialistes avec le syndicalisme passait par Force Ouvrière, syndicat créé en 1947 pour faire concurrence à la CGT communiste. Ce syndicat a été créé de toutes pièces par un Américain, Irving Brown, homme de la branche internationale de l'AFL-CIO. Personnage d'ailleurs passionnant et qui joua un rôle important lors des événements de mai 1968 où il fut appelé en renfort… par le pouvoir gaulliste.

Walter Wells

Replaçons-nous dans le contexte de l'après-guerre. Les communistes jouissaient d'une véritable aura en France à cause de leur rôle dans la Résistance, mais aussi des immenses sacrifices concédés par l'Union soviétique pour lutter contre Hitler. Pour tout Français fatigué de la guerre, le communisme semblait donc offrir à la fois le moyen de rejeter les systèmes et les valeurs responsables de la guerre et la meilleure voie pour se relever de celle-ci. En 1947, l'une des grandes craintes des gouvernants américains était de voir la France basculer dans le communisme. C'est pourquoi ils ont encouragé la création d'un syndicat qui soit une alternative à la CGT, fidèle au stalinisme et au Parti. À cet égard, je me suis parfois demandé si l'activisme actuel de Marc Blondel n'était pas motivé, en partie, par cette « souillure » de la CIA qui marque Force Ouvrière, bien qu'il se déclare ami de l'Amérique et socialiste sincère.

J'aimerais évoquer une certaine américanophilie qui se manifeste simplement par le « bien-être ». J'ai souvent fait l'expérience de cette américanophilie, depuis un quart de siècle que je vis en France. Je peux compter sur les doigts d'une main les incidents au cours desquels j'ai été « cassé » ou malmené parce que j'étais américain. En revanche, vous ne pouvez pas traverser l'aéroport Kennedy, à New York, sans battre ce record en moins d'une demi-heure. L'un des exemples que j'aime bien rappeler est celui d'une dame de bonne famille qui descendait toujours au Ritz quand elle venait à Paris, qui fréquentait les plus grands noms du Bottin mondain et que les vendeuses de Cartier et les maîtres d'hôtel de restaurants trois étoiles mettaient mal à l'aise malgré cette bulle de protection. Je crois que c'est un sentiment qu'elle portait en elle et qui ne provenait ni de ses expériences, ni des Français.

La première fois que je suis venu en France, c'était avec cette « certaine idée des Français » – j'admets qu'elle n'était pas très positive. Je m'attendais à passer un sale moment avec ces gens qui avaient la réputation d'être peu accueillants. Cette réputation s'est vite révélée être sans fondement – j'ai vécu là les meilleures années de ma vie. J'avais enfin eu le sentiment d'être chez moi et, une fois retourné aux États-Unis, j'ai décidé de revenir. Je suis « rentré à la maison », au sens fort, car ma femme et moi avons toujours adoré vivre ici. Sans moins aimer l'Amérique, ajouterai-je, et sans avoir la moindre intention de « devenir français » – autrement qu'à titre de contribuables.

Je pensais que la mauvaise réputation de la France était tombée dans l'oubli. Chaque année pratiquement sort en Amérique une nouvelle série de livres sur Paris et la France : tous sont des hommages et des manifestations de l'amour profond et particulier que les Américains – beaucoup, mais pas tous – éprouvent pour ce pays. Mais avec le rôle de catalyseur qu'a joué l'Irak, l'Amérique a glissé vers une mode, plus virulente que jamais, qui consiste à démolir la France. Cela ne s'est pas limité à l'Amérique profonde ou à Fox News et aux médias de Murdoch. C'est devenu une mode très répandue – *Vanity Fair*, dont on peut difficilement dire que c'est un journal de droite, a évoqué l'antisémitisme français sur un ton qui assimilait presque Paris au Berlin de la Nuit de Cristal. Le *Washington Post* a fait appel à une batterie de journalistes francophobes. *Atlantic Monthly* a fait une manchette qui associait Chirac et Ben Laden.

Cette virulence haineuse avec laquelle les Américains ont fustigé la France n'a pas connu de réciproque chez vous. Personne ici ne m'a demandé autre chose que des explications concernant la politique de Bush, encore était-ce dans le contexte de mon travail de journaliste. Les Français font mieux la distinction entre ce que fait le gouvernement américain et ce que font les Américains. Aux États-Unis, nous sommes bien plus prompts à simplifier, à faire de nos adversaires nos ennemis et à condamner les Français avant le gouvernement français, qui n'est plus que la forme ultime de la perfidie, du crime de lèse-majesté américaine et de l'ingratitude.

À l'exception du vin, de quelques toques étoilées et de quelques grands restaurants dans quelques grandes villes, il n'y a pas de lobby français puissant aux États-Unis. Il n'y a pas de vote français, ni de défilé du 14 juillet. Les films français n'ont pas d'impact sur le marché de masse – à moins d'avoir été réadaptés par le cinéma américain. Je parie que tout le monde prend Michel Legrand pour l'un des meilleurs compositeurs américains de chansons pop. L'aide que la France nous a apportée contre les Anglais lors de la Révolution américaine est un détail de l'Histoire et n'émeut pas les cœurs patriotiques. On peut éventuellement comparer cela à l'attitude méprisante de de Gaulle face au rôle de la SOE britannique après qu'elle a rejoint et soutenu la Résistance [2], mais nous récitons bien des poèmes à la gloire de notre cher Paul Revere [3] et aucun à celle de cet étranger qu'était La Fayette. Et Tocqueville ? Qui est-ce ? Qui sont ces Derrida, Barthes, Foucault ? M. Tout-le-Monde connaît peut-être ces lumières du monde intellectuel moderne, mais je parie que l'Américain de base n'en a aucune idée. Et s'il vient à l'apprendre, il méprisera ces penseurs, non pas en tant qu'intellectuels, mais en tant que Français.

Vous avez soulevé un grand nombre de questions. Je voudrais revenir à vos références à l'Amérique comme modèle de république et de démocratie. La France et l'Amérique sont les deux plus anciennes républiques du monde, et bien que notre expérience de la démocratie républicaine soit un peu plus ancienne que la vôtre et considérablement plus durable et stable, elles sont toutes deux sorties du même chaudron du XVIIIe siècle. (J'aime bien répéter que notre démocratie est plus ancienne que la vôtre devant mes amis français qui me rappellent souvent que notre pays est « jeune » comparé à la vieille civilisation française.)

Il est facile de tomber dans le sentimentalisme lorsqu'on évoque l'Amérique comme l'inspiratrice des démocraties. Elle les a inspirés, bien sûr, et elle continue à le faire. Elle encourage la démocratie parce qu'elle est bonne pour ceux qui en bénéficient. Comme la démocratie américaine profite à ceux qui vivent en Amérique, une foule de gens font des efforts démesurés pour la rejoindre. Près de 4 000 immigrants entrent chaque mois sur le territoire américain, et parmi eux un quart seulement sont en situation légale.

---

2. Le SOE (*Special Operations Executive*) était un service secret britannique formé peu après la défaite de la France pour encourager la résistance des populations civiles dans l'Europe occupée et promouvoir le sabotage et la subversion. Les opérations du SOE en France étaient dirigées par deux sections territoriales basées à Londres : la Section F, sous contrôle britannique, et la Section RF, en rapport avec le quartier général des FFL du général de Gaulle.
3. Paul Revere (1734-1818) : figure de la guerre d'indépendance américaine.

Un aspect de ce phénomène est ce que j'appelle « l'effet Mur de Berlin ». L'Union soviétique était déjà à bout de force lorsqu'elle s'est écroulée, mais il est vrai aussi que la révolution qu'a inaugurée la chute du Mur de Berlin s'est révélée être une lame de fond inspirée par les médias. Il y avait longtemps que les Berlinois de l'Est voyaient à la télévision la vie dont jouissaient leurs cousins de l'Ouest, et avec la diffusion de plus en plus large de ces informations, la révolution est devenue une force que rien ne pouvait arrêter. L'Amérique provoque un effet identique. Peu importe qu'elle paraisse violente de l'extérieur, ou que les libéraux enragent de devoir subir le gouvernement actuel, ou que je me montre cynique à son sujet : l'Amérique est un aimant puissant pour les gens qui vivent dans la privation, qu'elle soit d'ordre économique ou politique. Notre avis est qu'un tel aimant ne devrait pas être un simple modèle, mais l'incarnation parfaite d'un idéal. Elle ne l'est pas, bien sûr ! Aucun pays ne l'est et il n'existe pas de modèle qui résiste à un examen attentif. Les imperfections ne sont pas seulement réelles, elles sont parfois aveuglantes. Le pouvoir militaire fait de l'Amérique un autre type de modèle, un modèle qui prétend contrôler et diriger. Les États-Unis possèdent la force et n'hésiteront pas à s'en servir. Or les fans n'aiment pas que leurs héros les maltraitent. Parce que l'Amérique est immense et puissante et qu'elle fait de l'esbroufe, elle perd parfois son statut de modèle.

Je ne sais pas si c'est cette qualité d'aimant qui attire les universitaires français qui vont recharger leurs batteries sur les campus américains. Si c'est une forme de privation qu'ils fuient, on ne peut pas dire qu'ils en portent les stigmates. Mais il est certain que l'effet est le même pour eux et pour les étudiants. L'Amérique n'est pas une meilleure démocratie que la France, mais elle offre plus de liberté et d'opportunités. Pour certains jeunes Français, l'Amérique n'est pas le pays de la « seconde » chance, mais celui de la « première », et surtout celui du libre choix.

De jeunes Américains viennent eux aussi en Europe

pour faire leurs études. Une *prep school*[4] en Angleterre, puis une année en France ou en Italie – vers 18 ans –, pour étudier l'art et la culture. J'espère que ces expériences, que ce soit en France ou ailleurs, leur permettront de faire naître dans mon pays une élite plus avisée sur les problèmes du monde que ne le sont leurs parents. J'espère qu'ils n'y gagneront pas seulement en subtilité, mais qu'ils se convaincront de la nécessité d'une bonne entente internationale. C'est sans doute cette conviction qui nous a fait défaut dans les discussions au sujet de l'Irak, et c'est bien dommage !

J'ai dit que je ne souscrivais pas à la notion d'« impérialisme culturel », je voudrais préciser pourquoi. La culture, et en particulier la culture de masse, est un marché de consommateurs. En France, les gens se précipitent pour voir les films américains, pour regarder les programmes américains à la télévision et ils se bousculent dans les fast-foods américains, parce que tout cela est parfaitement adapté aux exigences de flexibilité et d'adaptabilité. Libre à moi de regretter qu'il n'y ait pas de nouvel Orson Welles dans le cinéma américain, que Ray Kroc[5] n'ait jamais dîné chez Robuchon (en supposant qu'il ne l'a pas fait), ou que William Paley[6] ait une telle influence sur la culture populaire américaine plutôt qu'André Malraux. Mais qu'y a-t-il de si extraordinaire dans le steak-frites ? Ou chez Louis de Funès ? Ou encore dans les tableaux d'enfants en train de pisser que l'on trouve à Montmartre ? La culture populaire est populaire, c'est-à-dire pour le peuple. Laissons-les manger des Big Macs. Ils font la queue pour en acheter comme les oies pour être gavées. Personne ne les y force. C'est un marché de consommateurs consentants.

Revenons à des sujets moins triviaux. Je n'avais pas réalisé à quel point le concept d'atlantisme était perçu de manière négative en France – bien que je mesure la naïveté

---

4. À peu près l'équivalent du collège, de 8 à 13 ans.
5. Fondateur de McDonald's.
6. William Palley (1901-1990), chairman de CBS (Columbia Broadcasting System) qui a popularisé une culture télévisuelle médiocre aux États-Unis.

de cette réaction, dans la mesure où la politique atlantiste a
été développée par les Anglais et les Américains et où,
depuis la guerre, ce sont les États-Unis qui en sont les principaux acteurs. Le fait est surprenant, car ce que nous
entendons par « atlantisme » est une communauté de
valeurs auxquelles la France souscrit certainement. Disons,
pour sacrifier à un cliché repris par trop de discours politiques, que l'atlantisme se résume à la paix et à la prospérité. Pourtant, bien qu'il ne soit pas considéré comme un
concept négatif par les États-Unis et qu'il demeure essentiel, son rôle de moteur politique connaît un déclin. De
plus en plus, nous regardons vers l'Ouest. Notre position
sur le front pacifique a pris une importance croissante, à
cause à la fois d'un besoin de stabilité dans des régions
telles que la péninsule coréenne et l'Indonésie, et de
l'ouverture de la Chine au libre-échange et aux influences
démocratiques. Cette communauté de valeurs autour du
Pacifique est également importante : il s'agit d'alliances
dans lesquelles notre position de leader est toujours recher-
chée et sans être encore défiée, comme on a récemment vu
l'Europe le faire. Enfin, l'Asie est une région capitale à
cause de l'immense force de travail qu'elle procure aux
industries occidentales, européennes comme américaines,
et des marchés potentiels qu'elle représente.

L'Amérique a eu tendance à ignorer l'Europe, sauf
peut-être pour lui parler sur le ton qu'emploie Chirac
pour s'adresser aux pays d'Europe centrale : « Vous êtes
en train de rater une bonne occasion de vous taire et
d'apprendre quelle est votre place. » Mais pour revenir à
cette communauté traditionnelle de valeurs transatlantiques, on peut dire que la France et les États-Unis jouent
des rôles parallèles et contrapuntiques : les deux pays se
considèrent tous les deux comme des exceptions,
comme les reposoirs de la vérité universelle et les protec-
teurs des valeurs démocratiques. N'est-il pas curieux que
la vérité universelle puisse varier à ce point d'un point de
vue à l'autre, du nôtre au vôtre ? C'est pour une grande
part ce qui nous a menés au désaccord qui nous oppose.
De par leur exceptionnalisme, les États-Unis considèrent

qu'ils sont les seuls à pouvoir sauver le monde, et ils se sentent investis de la mission de le faire. George Washington nous a laissé des instructions :

« Le nom d'américain qui est le vôtre, dans le cadre de votre nation, doit toujours exalter la juste fierté du patriotisme... La plus haute ambition de chaque Américain doit toujours être de porter ses regards au-delà de lui-même, et de garder à l'esprit que sa conduite ne l'affectera pas seulement lui-même, son pays et sa descendance immédiate ; mais que son influence peut s'étendre au monde, et marquer le bonheur ou la misère politique des générations à venir. »[7]

Je suis surpris que dans la ferveur qui nous anime en ce moment, nous n'ayons pas fait de ces mots notre déclaration d'allégeance – il se peut que des groupuscules d'extrême droite plaident en faveur d'une telle adoption.

L'exceptionnalisme français consiste surtout à résister à la dominance américaine, à se dresser comme un autre phare, « l'alternative », qui défend – selon Chirac – son indépendance et obtient par-là le soutien de ceux qui résistent à la politique américaine. C'est le cœur de la question entre nos deux pays. Depuis la chute de l'Union soviétique et depuis que l'Amérique s'est attaquée à la menace insidieuse du terrorisme, la France a tendance à considérer l'administration américaine comme si elle avait abandonné son rôle traditionnel de leader et s'était tournée vers une hégémonie rigide. Sur l'autre rive de l'océan, on a l'impression que la France, sentant son prestige et sa position menacés par une hyperpuissance unique tournée vers un seul but, s'investit dans une tâche de résistance systématique à tout acte politique et à toute initiative entreprise par l'Amérique au niveau international.

Aucune de ces deux impressions n'est juste. Cependant, tant que les deux pays ne les chasseront pas, des conflits tels que celui qui est né avec l'affaire irakienne seront probablement inévitables.

---

7. Discours d'adieu à la nation du président Washington (*The Independent.*, 26 septembre 1796).

L'une des questions qui structurent cette discussion était de savoir si le rêve américain n'est qu'un mirage : est-il toujours vrai qu'un immigrant peut partir de zéro et s'élever au sommet ? Pour aller au-delà de l'analyse que vous en avez déjà faite, on pourrait poser la question suivante : est-ce que l'ère du *self-made-man* a été remplacée par une ploutocratie traditionnelle et dangereusement antidémocratique ?

Il est probable qu'à l'avenir il n'y aura pas d'Abraham Lincoln en Amérique. Il est probable que plus personne ne naîtra dans une cabane de rondins avant de devenir président, ne serait-ce que parce qu'il n'y a plus tellement de cabanes de rondins. Pourtant, Bill Clinton a accédé à la présidence en partant d'assez loin. Et il y a beaucoup d'autres exemples au XXᵉ siècle – Harry Truman, Richard Nixon, Gerald Ford, Lyndon Johnson – bien loin des Kennedy et des Rockefeller en termes de fortune, ou des Bush, en termes de népotisme.

En revanche, il est certainement possible d'accéder à l'élite économique des États-Unis. J'ai rencontré des douzaines d'hommes qui, en arrivant comme immigrants, n'avaient pas deux sous en poche. Il existe même un club de gens qui sont partis de rien et ont fait fortune : il tire son nom d'Horatio Alger [8], auteur de romans à succès qui racontent l'histoire typique du me ndiant devenu riche. C'est le même type de personnage qu'a développé Arthur Miller : lorsque Willy Loman [9] parle avec un air de regret de son frère, parti dans la jungle avec rien et revenu en possession d'une fortune inavouée. La possibilité, aujourd'hui encore, de mener un tel parcours aux États-Unis nous ramène à nouveau à l'idée de flexibilité, d'ouverture et d'opportunité.

Vous avez souligné un point important en disant que l'argent était discriminatoire, et il est évident que la pénurie exclut beaucoup d'Américains. Mais ce n'est

---

8. Horatio Alger (1832-1899), romancier américain, a écrit des romans pour adolescents dans lesquels ses héros parviennent toujours à la réussite sociale grâce à leur détermination et à leur chance.
9. Personnage du roman de Miller, *Mort d'un commis voyageur* (1949).

jamais une exclusion systématique, ni un club fermé, à la manière dont un pays centralisé comme la France tend à l'être. La France est véritablement un club – et il faut y être né. Sinon vous pouvez toujours en devenir membre associé, mais jamais à part entière.

L'une des raisons pour lesquelles des idées telles que la discrimination positive sont si présentes dans la mentalité américaine qu'elles finissent par l'emporter – peu importe qu'on les conteste ou qu'on leur résiste –, c'est qu'elles sont fondamentalement liées à la notion d'opportunité. Le président Clinton était animé par le même souci de diversité quand il disait vouloir une administration qui « ressemble à l'Amérique » : hommes et femmes, blancs et noirs, Américains d'origine hispanique et asiatique, c'est-à-dire non pas un *melting pot*, mais un arc-en-ciel.

On observe aujourd'hui que les grandes compagnies américaines s'attachent très fortement à préserver la diversité parmi leurs employés. C'est d'ailleurs une obligation, qui a été instituée par les cours de justice et renforcée dans certains cas par des boycotts et des campagnes de presse stigmatisant les manquements à la « règle » de la diversité.

En France, la situation est très différente. J'ai été franchement abasourdi de lire récemment dans *Le Figaro* la citation d'un membre de l'Assemblée nationale à propos de la diversité en France – au moment du débat sur le foulard que de jeunes musulmanes veulent porter à l'école – qui faisait une référence critique à « la dérive américaine ». Je suppose qu'il entendait par-là ce fameux *melting pot* ou arc-en-ciel. Qu'est-ce que cette dérive ? Je me le demande. Qu'y a-t-il de si mal dans un « glissement » vers une ouverture et une opportunité ? D'ailleurs, en quoi l'autorisation de porter un foulard brave-t-elle le principe de laïcité ? En quoi fait-elle peser une quelconque menace sur l'État ou les autres élèves ? Il est probable que beaucoup de jeunes Français portent des chaînes avec de petites croix visibles par tous : il n'y a pas de discussion là-dessus et il ne faut pas qu'il y en ait. La force de l'Amérique est fondée sur ce que ce député perçoit comme une « dérive », qui rend la diversité non seulement possible, mais normale.

Jean-Marie Colombani

Il existe une Amérique idéale, en effet ; c'est l'Amérique de Woodrow Wilson et de Franklin Roosevelt, c'est l'Amérique du mythe Kennedy, vision à la fois généreuse à l'extérieur et plus juste à l'intérieur. Cette Amérique-là se rapproche le plus du modèle dominant en Europe dans les années de l'après Deuxième Guerre mondiale, celles de la reconstruction et de l'affirmation progressive de l'État-Providence. Là où votre interlocuteur-député stigmatise une « dérive », d'autres – dont je suis – préfèrent déceler le ressort et cette énergie extraordinaire qui conduisent la société américaine à se fixer des objectifs chaque fois plus ambitieux. Tout le corps social semble répondre à une même ambition, à travers des mécanismes d'absorption de différents courants d'immigration qui font de l'Amérique la terre de la deuxième chance. L'Amérique comme terre d'un nouveau départ pour les déshérités hier de la seule Europe, désormais de tous les continents, est bel et bien une réalité. De nature, d'ailleurs, à modifier le point moyen de la société américaine dont les composantes hispaniques et asiatiques vont prendre une place qui influencera nécessairement l'idée que l'Amérique se fait, ou ne se fera plus, de l'Europe. Hier refuge et promesse pour l'Europe des famines – l'Irlande, l'Italie – aujourd'hui terre d'élection de celles et ceux que l'absence de liberté fait fuir. Vraie ou fausse, l'idée que l'Amérique est la terre de la liberté se perpétue. Le pays de Montesquieu n'a jamais été réellement en compétition avec vous pour ce titre-là, après deux périodes impériales et le sinistre épisode de Vichy. L'Europe, qui se soude autour d'une Convention des Droits de l'Homme, devait s'attacher à le reconquérir, alors même qu'elle a la tentation de se fermer. Elle se construit et elle ferme ses frontières.

La difficulté dans nos relations avec les États-Unis vient aussi d'une réalité difficile à accepter : les évolutions qui marquent l'Amérique nous les subissons, avec un temps de retard. Cela devrait pourtant nous conduire à anticiper, à tenter de mieux les contrôler qu'elles ne le sont aux États-Unis, notamment dans la façon dont se creusent les inégalités. Je ne définirai donc pas les États-Unis comme un exemple pour la France ; pas davantage comme un contre-exemple ; mais simplement comme un continent en mouvement qui nous incite à ne jamais relâcher notre propre effort. Effort intellectuel et financier. Songez que l'Europe ne consacre guère plus de 1,9 % de son produit intérieur à la recherche, contre 2,8 % pour les États-Unis. De même ; il y a 5,4 chercheurs pour 1 000 actifs en Europe ; ils sont 8,08 aux États-Unis ! On ne peut mieux résumer le déficit scientifique et technologique qui guette l'Europe, alors qu'au seuil des années 1990, on pouvait faire valoir que, potentiellement, l'Europe faisait jeu égal dans ce domaine avec les États-Unis. L'argent et la liberté : c'est ce qui attire les chercheurs du monde entier aux États-Unis.

Il est un domaine où, parmi nos élites, le modèle américain est particulièrement séduisant et influent. Il s'agit des secteurs de l'économie européenne qui vivent de plein pied sans l'économie-monde, dont les dirigeants se réfèrent en permanence au modèle américain ; ceux-là expliquent nos difficultés, nos retards par le fait que nous n'importons pas assez vite les recettes d'outre-Atlantique. De ce point de vue, la grande querelle est celle des 35 heures de travail hebdomadaire. Cette réforme symbolise un modèle social où le temps libre devient une donnée forte, alors qu'aux États-Unis la valeur travail perdure. Le rapport aux droits acquis est une autre composante du modèle européen. Autant d'éléments évidemment contestés dans la sphère économique mondialisée de nos pays. Là encore, cela renvoie le modèle américain du côté de l'oppresseur, du côté du patronat dans sa caricature, celui qui voudrait imposer des « cadences infernales », la liberté totale de licencier, le recul des droits sociaux. Au fond, dans notre vie publique, il existe deux repoussoirs, deux alibis dont les politiques usent et abusent : le premier consiste à nationaliser les succès d'un gouvernement et à européaniser ses échecs ; ça va bien, c'est grâce à Paris ; ça va mal, c'est la faute de Bruxelles ! Le second consiste à expliquer que le malheur social, lorsqu'il survient, a pour origine le libéralisme économique à la mode américaine. C'est une complète inversion par rapport aux années de l'immédiat après-guerre. Dans l'un de ses très beaux films, *Jours de fête*, Jacques Tati joue ainsi, dans la France des années 1950, le rôle d'un facteur qui prétend livrer le courrier de façon moderne, « à l'américaine » dit-il. Aujourd'hui, selon l'imagerie dominante, ce serait non plus se moderniser, mais être « viré » à l'américaine !

Venons-en donc à ce qui fait désespérer de l'Amérique. Deux choses. C'est à la fois l'envers du modèle social américain, mais surtout la violence. L'Amérique s'est constituée dans la violence, dans la violence générée par l'immigration et l'esclavage, qu'il ne faudrait pas oublier au passage. Voyez le dernier film de Scorsese, *Gangs of New-York* : il remet en mémoire la terrible atmosphère du début du siècle précédent. C'est la guerre de sécession, constitutive de la nation américaine. Avec cette interrogation : la matrice de cette violence n'est-elle pas la conquête de l'Ouest ? La conquête de l'Ouest n'est rien d'autre que ce que les États-Unis nous ont reproché – à juste titre – ailleurs, et appliqué sur leur propre territoire, à savoir la colonisation ; l'Amérique est elle-même une terre de colonisation intérieure et d'extermination des ethnies indiennes. L'Europe a connu à sa façon des guerres de sécession, des guerres civiles : ce furent des guerres mondiales et l'immense charnier que fut, deux fois dans le siècle, le territoire du « Vieux Continent ». En matière de violence, nous avons été pionniers et experts.

Mais aujourd'hui, ce qui nous distingue de l'Amérique – pour combien de temps ? – c'est son degré d'acceptation de la violence ; et la violence comme partie intégrante de cette société, comme en témoigne le dernier film qui a triomphé au festival de Cannes, *Elephant*, directement inspiré de la tuerie du lycée de Colombine aux États-Unis. Ce qui fait désespérer de l'Amérique c'est aussi le fait que, dans le modèle social américain, la variable d'ajustement soit systématiquement l'emploi. Quand Boeing a des difficultés, c'est 10 000 ouvriers en moins, 15 000 ouvriers en moins. En même temps, cette société fait de la concurrence son ressort. La concurrence est une contrainte extravagante qui ne laisse jamais de répit. Cela induit une réelle dureté dans les rapports sociaux, qui débouche rapidement sur une violence sociale. Telle est, de façon sans doute sommairement marxiste, la perception dominante en Europe et en France, de la réalité sociale américaine.

Une autre façon de désespérer de l'Amérique, c'est l'envers de son modèle social. Un symbole ? Le projet de réforme de l'assurance maladie promu par Hillary Clinton et son échec. Preuve que les ressorts de l'Amérique sont quand même puissamment, à nos yeux, réactionnaires. Au sens où la réaction, chez nous, est synonyme de régression sociale.

Au fond, la partie qui fait désespérer de l'Amérique est celle qui sépare le président Wilson du président Roosevelt. Période qui nous passionne parce que le Chicago des années 30 est mythique et fascinant. Soit dit en passant, le Chicago des années 30 ressemble furieusement au Moscou d'aujourd'hui, que tout le monde exècre. À la fin des années 20, un écrivain réaliste proche de la gauche socialiste américaine, Sinclair Lewis, avait écrit un pamphlet retentissant intitulé *Babbitt*. Babbitt était un petit patron du Middle West, bénéficiaire de la prospérité, détestant les syndicats, les ouvriers, les Noirs, présentant toutes les caractéristiques du nouveau riche, à commencer par l'étroitesse d'esprit. Lorsque Edgar Hoover, au début de la crise de 1929, commença de sévir à la tête du FBI avec un ministre des Finances particulièrement limité, Andrew Mellon, la métaphore de Babbitt fut employée par les gens de gauche pour dénoncer le mariage entre Wall Street et Main Street, entre la finance internationale et la petite bourgeoisie la plus obtuse, entre le lucre de la finance new-yorkaise et le provincialisme des parvenus. Ce sont ces forces que le New Deal et la Seconde Guerre mondiale ont balayées du sommet de la politique américaine. Ce sont elles qui, sortes de Témoins de Jéhovah de l'économie, se refusant à soigner une société malade, hurlant au bolchevisme de Roosevelt, puis s'interdisant de s'engager dans la défense de la démocratie en Europe face à un nazisme qu'elles créditaient de certaines vertus et avec lequel elles ne détestaient pas commercer, ont signé l'une des plus retentissantes faillites politiques de l'Histoire contemporaine. Alors que Roosevelt, au contraire, a incarné les valeurs démocratiques fondamentales des États-Unis avant que la Guerre froide n'érode à nouveau ces mêmes valeurs, ne crée des alliances contre nature au nom de la lutte contre le communisme, et n'ouvre la voie à Reagan, à sa contre-révolution et au retour de l'alliance de Wall Street et de Main Street. Son programme : la dérégulation, l'effacement de l'État et la peine de mort.

Il reste qu'à mes yeux le ressort admirable de l'Amérique est bien sa capacité à se renouveler, à progresser, à intégrer. Dans une perspective longue, c'est le progrès qui domine. Même si le programme fiscal de Bush est aberrant : trop d'écart de richesse finira par détruire le tissu social, à moins que l'Amérique ait une capacité d'absorption d'un tel degré d'inégalité, invraisemblable, à moins qu'elle soit à ce point imprégnée de l'inégalité qu'elle finisse par s'en accommoder, attendant des jours meilleurs. Aller vers autant de distorsion, l'injustice comme mot d'ordre d'une politique, cela me paraît inacceptable. On se demande quelle dose d'inégalité il faut leur injecter pour qu'ils se révoltent ! Mais, direz-vous, ces comptes-là seront peut-être soldés à l'automne 2004, lorsque Bush reviendra devant les électeurs.

Walter Wells

Mais nous avons des révoltes de contribuables ! Je n'ai jamais compris pourquoi il n'y avait pas de telles révoltes en France, où le niveau d'imposition est l'un des plus élevés au monde. Chez nous, les révoltes sont pour plus de taxes – parce que cela entraîne de meilleures prestations.

Il y a deux remarques de détail que je voudrais ajouter. Au sujet de la réforme d'Hillary Clinton, aussi valable qu'ait pu être l'idée, elle manquait d'élan. Les Clinton ont très mal géré ce dossier. Ils ont fait une erreur fondamentale en refusant d'impliquer davantage la profession médicale dans le processus de décision. Hillary Clinton s'est contentée de l'avis d'avocats – elle-même est avocate, tout comme le président, leurs conseillers et la plupart des membres du gouvernement. Pourtant, c'étaient les docteurs et les patients qui étaient les premiers concernés. Cette affaire a manqué de sens politique.

Seconde remarque : je ne discuterai certainement pas avec vous de la violence. Le niveau de violence que les Américains tolèrent dans leur société est déroutant et démoralisant. Je dis toujours avec cynisme que nous donnerons un jour à chaque Américain un bazooka ou un Howitzer, parce que leur donner de banals pistolets ou de simples carabines n'est pas suffisant. Ils ont besoin de se transformer en lanceurs de grenades pour avoir l'impression de se protéger. Il est humiliant pour les États-Unis que la Constitution qui a accordé, il y a deux siècles, aux révolutionnaires des garanties leur permettant d'utiliser des mousquets pour se protéger aux frontières, autorise aujourd'hui les gens qui l'estiment nécessaire à posséder des armes à feu d'assaut. C'est pour cela que le film *Gangs of New York* brosse un bon tableau de la violence, mais un médiocre tableau de l'histoire.

Jean-Marie Colombani

On ne demande pas aux artistes d'être fidèles à l'histoire. On leur demande d'avoir des visions fulgurantes, où ils mettent le doigt sur la plaie.

Walter Wells

Bien sûr ! De nos jours, ce sont les scénaristes qui décident une bonne partie de ce que nous savons du monde, et aussi une large part de ce que les Français savent de nous. Le cinéma est un art, et l'art requiert du spectateur qu'il mette volontairement entre parenthèses son incrédulité. C'est encore plus vrai avec les films, qui donnent l'effet du réel et, par conséquent, finissent par devenir réalité. Quand on regarde une œuvre de Francis Bacon, on sait que c'est la vision d'un homme. Mais quand on regarde un film de Stone ou de Scorsese, on croit voir un événement historique ou un reportage. Que ce soit *Freddy, les griffes de la nuit* ou *Gangs of New York*, les gens ont tendance à croire ce qu'ils voient à l'écran, parce qu'ils l'ont vu de leurs yeux. Ceci dit, ils ne croient probablement pas à *Pleasantville* [10]. Nous connaissons mieux – du moins le croyons-nous – l'assassinat de Kennedy grâce au film d'Oliver Stone que grâce aux faits établis par l'enquête. Il nous a suffi d'avaler toutes les théories faisant état d'une conspiration pendant ces quarante dernières années et de les voir confirmées par un film. De la même façon, il y a fort à parier que beaucoup d'entre nous seront à jamais incapables d'évoquer les débuts de l'Amérique sans penser aux *Gangs of New York*. C'est peut-être un très bon film, mais il n'en raconte pas plus sur le New York d'il y a 150 ans que Travis Bickle [11] ne nous en apprend sur les taxis new-yorkais.

Peut-être que « l'impérialisme culturel » pervertit les goûts français et change les valeurs, mais il fausse aussi ce que l'on connaît de l'Amérique. Or la manière dont l'Amérique est représentée à l'écran, au cinéma ou à la télévision, comporte une dimension dépréciative. Ce

---

10. *Pleasantville* fait référence à une expression générale employée pour désigner une banlieue agréable, plaisante, sans histoire ni relief particulier. C'est le titre qui a été donné à un film (1998), qui se réfère constamment à la vision des banlieues américaines heureuses proposée par les *sitcoms* des années 1950.
11. Personnage du film de Martin Scorsese, *Taxi Driver* (1976), interprété par Robert De Niro : Travis Bickle est un chauffeur de taxi violent, rejeté par la société, qui finit par commettre plusieurs assassinats.

constat m'est apparu clairement à la lecture d'un article sur les *Gangs of New York* dans *Le Nouvel Observateur* : selon son auteur, il n'était pas surprenant qu'un pays qui avait connu un passé d'une telle violence soit si impatient d'entrer en guerre contre l'Irak. Ça ne vole pas plus haut que de dire de la France qu'elle est une collaboratrice née. Bien sûr, nos films révèlent que notre propre vision de l'Amérique n'est pas très positive. Nous ne voyons plus nos élus comme des Jimmy Stewart, ni nos soldats comme des John Wayne. Avec le Vietnam, le Watergate, les assassinats politiques des années 60, l'Amérique a gagné en maturité. Nous avons tiré les conséquences de nos graves erreurs – beaucoup diraient que c'est ce qui est encore arrivé en Irak – et nous sommes devenus plus cyniques. Il y a bien eu un intermède, les années Reagan, pendant lesquelles on disait que l'Amérique était « de retour ». Mais elle ne sera probablement jamais plus ce qu'elle était après-guerre, quand on éprouvait le sentiment sincère que l'Amérique avait sauvé le monde et qu'on en tirait une réelle fierté.

Néanmoins, l'Amérique ne se résume pas à ce qu'en montrent *Dallas* ou *Bowling for Columbine*. Elle est aussi faite de banlieues aux pelouses vertes, de fêtes d'immeubles, de parties de baseball et de tas de gens heureux et tranquilles !

Jean-Marie Colombani

Oui, c'est aussi le règne des classes moyennes, avec 10 à 15 ans d'avance sur le continent européen. Elles sont à la fois le ressort de la vie démocratique, puisque la cohésion des classes moyennes et l'assurance de l'existence d'un ascenseur social à l'intérieur des classes moyennes sont les meilleures garanties qu'une démocratie puisse se donner. Mais en même temps, les classes moyennes se ressemblent de part et d'autre de l'Atlantique : les modes de vie, les appétits sont les mêmes, les distractions sont les mêmes, les rêves sont les mêmes. En même temps les réflexes idéologiques sont assez voisins, avec une tentation d'aller vers une stricte défense de leurs intérêts catégoriels, en Europe comme aux États-Unis. L'envers de cette classe moyenne américaine, c'est aussi *American Beauty*, même si on doit cette description des travers de la classe moyenne américaine à un réalisateur européen, Sam Mendes.

Mais en dépit de tous ces travers et des désaccords de fonds qui existent entre la France et les États-Unis, ces derniers ne cessent de fasciner les Français. Je ne suis pas certain que la réciproque soit vraie. La France aux États-Unis n'est encore idéalisée que par Walter Wells !

Walter Wells

J'ai peut-être vécu trop longtemps ici et subi trop de grèves pour continuer à idéaliser la France. En ce moment notamment, il est vraisemblable que bien peu d'Américains idéalisent la France. Certains la détestent – nous l'avons vu –, d'autres pensent à elle comme à un reposoir des Droits de l'Homme, des libertés civiles et des nobles aspirations pour l'humanité. Ils considèrent la France comme l'avocat des « bonnes » politiques, par opposition aux politiques « mauvaises » ou du moins contestables, que met en œuvre une Amérique arrogante, une vilaine Amérique. Sauf peut-être quand elle fait des essais ou construit des engins nucléaires. Même les admirateurs les plus fervents de la France ne pourraient approuver ces décisions.

Beaucoup d'Américains pensent que Bush a eu tort d'entrer en guerre contre l'Irak, bien que certains d'entre eux se soient sentis obligés de soutenir cette politique, parce qu'il est fondamental dans notre culture de soutenir nos soldats quand leurs vies sont en jeu. Beaucoup d'Américains pensent que Bush et ses conseillers n'ont pas suffisamment préparé l'intervention en Irak et que la France, après tout, n'avait peut-être pas tort. Que ce soit le cas ou non, malgré ses arguments spécieux et sa mauvaise organisation, je reste persuadé de la réelle détermination de l'administration américaine.

Les Américains ne conçoivent pas la France comme ils conçoivent leur propre pays. Nous sommes sincèrement fiers d'être une superpuissance, la seule superpuissance au monde désormais, même si ce pouvoir n'est pas toujours bien utilisé. D'un autre côté, nous pensons – comment dire cela sans vous offenser ? – que la France revendique un statut bien supérieur à celui qui est le sien. C'est comme si elle n'avait pas encore tout à fait digéré sa défaite à Waterloo. Cette tension entre notre point de vue et la revendication française nous obsède jusqu'à l'absurde. L'administration Bush prend la France et la « vieille Europe » bien au sérieux pour en arriver à ce que ses préoccupations avec les Français déterminent ses propres faits et gestes.

En revanche, les Américains ont une véritable affection et un vrai respect pour la France en tant qu'hyper-puissance culturelle. La meilleure expérience que les Américains ont de la France provient de son statut de summum de la culture et de l'art de vivre – les musées, le style, la beauté et l'élégance de ce merveilleux pays, ses vins fabuleux, sa cuisine hors pair et ses déjeuners qui durent trois heures ! Ou bien simplement le délicieux plaisir de passer une heure à lire le journal, à la terrasse d'un café. Il y a ici un souci du confort et du bien-être qui ne se reflète pas seulement dans l'esthétique, mais aussi dans la structure sociale française. Le niveau de vie moyen en France est beaucoup plus élevé qu'aux États-Unis, et cela constitue un autre aspect de la France pour lequel j'ai une admiration toute particulière. Au contraire des États-Unis où fondamentalement chacun vit pour soi – ce qui est pour le moins déconcertant –, la France est une société d'entraide. La solidarité est palpable, même si elle aboutit parfois à des situations frustrantes, comme la retraite à 55 ans pour certaines professions, qui conduit à un impôt exagéré et contre-productif.

Bien sûr, cette solidarité se forme au sein de l'État-providence. Mais en France, le civisme se limite souvent à exiger de l'État qu'il vienne en aide aux plus désavantagés, ou qu'il rafraîchisse le climat ! Quant à l'application de cette solidarité au niveau personnel, c'est plutôt « Touche pas à ma poche et à mes jours fériés ! ».

« Sauve qui peut » est une expression française, mais l'instinct, lui, est universel.

CHAPITRE V

Refonder l'alliance transatlantique

Au cours du second semestre de l'année 2003, les relations franco-américaines se sont pacifiées. En juin dernier, à l'occasion du sommet du G8, à Évian, le président George W. Bush déclarait : « Je ne suis pas en colère contre la France. Entre alliés nous pouvons avoir des divergences, mais ce qui rapproche les États-Unis et l'Europe reste infiniment plus important. » [1]. Deux jours plus tard, le président américain et le président français se serraient la main. Depuis la fin de la guerre, tous les votes du Conseil de sécurité ont été obtenus à l'unanimité, y compris la résolution 1511 qui entérine la présence des États-Unis en Irak. Mais cette volonté d'apaisement, cette attitude de « responsabilité et de lucidité » pour reprendre les mots de Dominique de Villepin, ne dissipent ni le ressentiment accumulé, ni la profonde crise de confiance qui séparent les deux pays.

Certes les menaces de sanctions professées à l'encontre de la France ne semblent plus à l'ordre du jour. Certes, même aux pires moments de la crise irakienne, le dialogue n'a jamais été rompu et la France n'a jamais cessé de coopérer avec les États-Unis. Mais il

---

1. *Le Figaro*, 30 mai 2003.

est permis de douter que le temps et les marques de bonne volonté suffisent à restaurer la relation franco-américaine, à moins de se contenter d'une unité de façade. Le changement des équipes dirigeantes en place faciliterait sans doute les choses, mais un tel désaccord ne se résume pas à une querelle d'hommes. Les enjeux sont d'un autre ordre. Dans la reconfiguration stratégique qui se joue actuellement, quelle place entendent accorder les États-Unis à leurs alliés européens ? Ces derniers seront-ils marginalisés au profit d'une alliance avec la Russie ? Le terrorisme islamiste peut-il souder l'Occident autour d'une stratégie commune comme ce fut le cas de la menace communiste ? Sur quelles grilles d'interprétation du monde communes peut se renouer l'alliance franco-américaine ?

Jean-Marie Colombani

Que vont devenir nos relations, et, au-delà, comment les relations Europe-États-Unis vont-elles évoluer ? Pour ce qui nous concerne, l'impression la plus répandue est celle-ci : pour que les pays repartent d'un bon pied, encore faudrait-il que les présidents changent. À cet égard, nous aurons une première réponse en 2004 lors du scrutin présidentiel, où il sera question de la sécurité extérieure des États-Unis, où un premier – et peut-être définitif - bilan de Bush fils sera fait par le corps électoral américain. Imaginons que Bush soit battu, cela suffira-t-il ? Ne sommes-nous pas dans l'illusion qu'il suffirait que Bush soit battu pour que tout s'arrange.

Certes il ne faut pas nier que les cercles français officiels, par la thématique qu'ils développent, ont créé petit à petit, dans l'opinion française, le sentiment que le problème, c'est l'Amérique, que le monde se porterait infiniment mieux si Bush n'était pas aux commandes. Ce qui est probable, mais en même temps un déplacement s'opère dans la hiérarchisation des préoccupations. Après tout, lorsque les États-Unis assurent qu'il faut faire pression sur le Hamas, que celle-ci, pour être efficace, passe par Damas, ce n'est pas faux. L'argument français qui consiste à mettre en cause les États-Unis est ici hypocrite ; car la France cherche simplement à préserver ses liens avec Damas, comme elle a pu chercher à préserver sa relation avec Bagdad. Il ne s'agit pas de masquer cette réalité. Pourtant, il me semble que le fond du clivage est ailleurs. Il faut donc revenir à ce qui a fondé la relation euro-atlantique.

Nous vivons une période historique, essayons de ne pas l'oublier ; un moment à nul autre pareil où l'on sent confusément que tout peut basculer, car tout est en mouvement, comme si nous avancions sur des sables mouvants. Avec une certaine angoisse, car nous savons qu'au sortir de cette période, un nouveau rapport de forces se sera établi, dont nous ne connaissons pas le point d'équilibre. Comme au tournant du siècle précédent, nous vivons un complet bouleversement de l'équilibre géopolitique de la planète. Mais, au XXᵉ siècle, celui-ci ne s'était durablement reconstruit qu'après deux guerres mondiales. Il est à craindre que le monde multipolaire, qui est en voie de formation, se construise dans la violence et la terreur : nous sommes confrontés pour de longues années à la guerre qu'un terrorisme, qui se réclame d'un islam militant, entend mener contre les démocraties et, au sein du monde arabo-musulman, contre celles et ceux qui aspirent aux libertés.

Le mouvement qui nous affecte, en tout cas, a ceci de particulier et de dangereux qu'il conduit l'Europe et l'Amérique à s'éloigner l'une de l'autre, quand les circonstances devraient au contraire les pousser à se rapprocher et à réaffirmer une solidarité essentielle, du moins si l'on considère que la démocratie peut être menacée par le terrorisme global.

La partie la plus immédiatement visible de l'écartement des deux rives de l'Atlantique continue de porter un nom : l'Irak. Les Européens ont dit non à une guerre contre l'Irak. À mesure qu'Américains et Britanniques déployaient leurs troupes dans toute la région qui entoure l'Irak, les opinions européennes s'ancraient dans leur refus d'une intervention militaire pour chasser Saddam Hussein de Bagdad. Cette donne n'a guère pesé dans la décision des États-Unis. À tort. Car il était dangereux de ne pas rechercher un accord préalable. La suite l'a amplement démontré. Pendant de longs mois, il y a donc eu trois positions en Europe exprimées par les gouvernements des trois principaux pays de l'Union européenne : à une extrémité, Tony Blair (l'ONU pour valider la guerre) ; à l'autre extrémité, Gerhard Schröder (avec ou sans ONU non à la guerre) ; et, en poids moyen, des opinions en Europe, Jacques Chirac (l'ONU pour éviter la guerre). Mais au fil des semaines, il est apparu que le chancelier allemand exprimait le mieux une opinion européenne de plus en plus réfractaire : près de 60 % des Britanniques, plus de 70 % des Français estiment injustifiée une guerre contre l'Irak avec ou sans feu vert de l'ONU. Bref, la « rue européenne » avait basculé, avec d'ailleurs le vibrant soutien du pape Jean-Paul II. Chirac s'y est donc rallié en opposant son veto. Comme lui, l'opinion européenne n'a pas été convaincue de la dangerosité immédiate de Saddam Hussein ; elle n'a pas vu de preuves d'une implication de l'Irak dans les mouvements terroristes pas plus qu'elle n'a obtenu d'éléments suffisamment probants attestant que Bagdad était prêt à utiliser contre les États-Unis ou contre les pays voisins des armes de destruction massive. Pour l'opinion européenne, la charge de la preuve pesait sur George W. Bush. Le fait que cette preuve continue de manquer est de nature à aggraver la distorsion entre Américains et Européens.

Walter Wells

Si nous retenons une chose de la méthode « cow-boy » de l'administration Bush en Irak, c'est que faire irruption dans un pays en tirant des rafales de mitraillettes n'est peut-être pas le meilleur moyen pour atteindre son but. Apparemment, Bush père a négligé d'enseigner à Bush fils que lorsqu'on poursuit une stratégie vitale à ses propres intérêts, plus la coalition est large, plus l'effort est efficace. « Nous restons unis », comme le répétaient volontiers les Américains autrefois. Bush semble préférer le cri de Tarzan à cette déclaration.

Je crois que nous retiendrons une chose en tout cas de l'opposition des Français, et j'espère que Chirac et Villepin feront de même. L'un de mes amis, un avocat fort avisé, m'a appris qu'il existait deux méthodes de négociation. Il y a celle que vous employez avec votre femme quotidiennement. Il faut remporter cette négociation au moins de temps en temps, mais il est quand même plus important de rester mariés. Et puis il y a la négociation que vous menez quand le mariage est irréparablement perdu. Il n'y a plus rien à préserver, et vous devez gagner à tout prix, parce que perdre peut vous coûter cher. Le jeu de Chirac et de Villepin relevait du second cas de figure, et ils sont restés abasourdis quand le divorce a été prononcé. La presse américaine – et même le porte-parole de son organe le plus libéral, l'éditorial du *New York Times* – continue à publier des papiers sur le thème de la France ennemie. J'espère que les Américains ont appris quelque chose sur la nécessité d'avoir des alliés, et les Français sur celle de conserver leurs amis. Ce n'est pas parce que l'on finit par dire oui que l'on doit toujours commencer par dire non.

Jean-Marie Colombani

Mais au-delà de ce désaccord immédiat, quelles sont les raisons profondes de cette donnée historique forte qui voit s'éloigner, peut-être au pire moment, l'Europe de l'Amérique ?

Les facteurs objectifs de cet éloignement tiennent à un double constat. En premier lieu, l'Europe, celle qui existe et celle qui se construit, n'est plus l'Europe de l'Ouest. Conséquence forte de la chute du mur de Berlin, du retour des pays dits de l'Europe de l'Est dans la communauté des démocraties, et bientôt de l'élargissement de l'Union européenne : le centre de gravité du vieux continent s'est déplacé vers l'Est. Le meilleur symbole en est la translation de la capitale fédérale allemande de Bonn à Berlin. La préoccupation de l'Union européenne est celle d'un élargissement vers l'Est. Et le prochain débat de l'Union, à savoir l'entrée ou non de la Turquie dans l'Union, portera son regard plus à l'Est encore. Ce facteur géographique considérable portera immanquablement l'Europe à se définir comme l'Europe et à se développer comme une entité européenne et non plus comme une Europe de l'Ouest. C'est un changement fondamental.

En second lieu, les États-Unis sont eux-mêmes appelés, *volens nolens*, à se réinscrire dans une logique que certains des prédécesseurs de George Bush à la Maison Blanche avaient appelé « hémisphérique ». Qu'ils le veuillent ou non, les dirigeants américains sont interpellés un jour par l'effondrement de l'Argentine, un autre par l'Uruguay, la Bolivie ou encore le Brésil, alors même que la Colombie est le troisième récipiendaire de l'aide militaire américaine ; la construction de l'ALENA, le marché commun nord-américain, ajoute à cette logique hémisphérique, tandis que la politique de George Bush voit les États-Unis s'inscrire de plus en plus dans une logique protectionniste comme le montre déjà l'organisation de certains secteurs, notamment l'agriculture, la sidérurgie, l'aéronautique. Cette attitude pose de graves problèmes aux Européens, comme au reste du monde. Deux logiques géographiques sont donc à l'œuvre, auxquelles il faut ajouter des éléments purement subjectifs. Il serait ici trop long de dresser un inventaire exhaustif de toutes ces composantes de la vie des peuples qui nourrissent de part et d'autre de l'Atlantique un ressentiment dommageable. Nous avons évoqué l'antiaméricanisme, qui, malgré les précautions de nos dirigeants, tend à faire figure de doctrine officielle, nous avons discuté de la résurgence d'un sentiment antifrançais aux États-Unis.

On pourrait aussi évoquer l'Espagne, l'Italie et la

Grèce, trois pays qui subirent des dictatures soutenues par les États-Unis au nom de la défense contre la menace communiste : le ressentiment dans chacun de ces pays, pour être moins perceptible, n'en est pas moins profond. Ou bien encore l'opposition idéologique frontale qu'introduisit Ronald Reagan contre le modèle social démocrate cher à toutes les démocraties d'Europe du Nord. Ou enfin, plus récemment, le lent détachement de l'opinion allemande d'avec une Amérique qu'elle comprend de moins en moins. Il faut aussi prendre en compte l'évolution de la société américaine : comme l'a écrit Alain Minc dans *Le Monde*, « avec les Hindous à la place des Juifs, les Chinois se substituant aux "wasp", et les Hispaniques remplaçant les catholiques irlandais, comment imaginer que l'Europe demeure "l'alma mater" des Américains ? » C'est une façon provocante de souligner qu'à terme, cette nouvelle Amérique en gestation fera naître un système de valeurs qui s'éloignera peut-être davantage de celui des Européens.

Toutes ces données en fait étaient déjà présentes avant le 11 septembre 2001. La raison, ou plus simplement la sagesse, aurait dû conduire l'Amérique et l'Europe à se rapprocher. Or les tendances lourdes de l'écartement ont promptement repris le dessus. Comme si le 11 septembre – et ses suites immédiates – n'avait été qu'une parenthèse, comme si chacun avait voulu, à la limite, faire comme si de rien n'était. Ce retour à la case départ peut d'ailleurs être daté : il survient au moment où George Bush prononce son discours sur « l'axe du mal » et désigne comme les trois maillons de cet « axe » l'Irak, l'Iran et la Corée du Nord. La réaction européenne hostile à ce discours – celle de Chris Patten, Joshka Fisher et Hubert Védrine – marque bien qu'il y a un « avant » et un « après ».

Avant : le monde est sous le choc des attentats du 11 septembre et peu de voix s'élèvent, hormis quelques intellectuels de l'ultra-gauche, pour contester la légitimité des opérations militaires en Afghanistan, promptement décidées, promptement conclues par le départ des Talibans.

Après : précisément cet « après » n'en est pas un car au

lieu de poursuivre les terroristes là où ils sont, au lieu de se concentrer sur l'enjeu majeur que constitue cette région de l'Afghanistan (car le sort de la lutte antiterroriste se joue vraisemblablement au Pakistan, à Karachi, véritable capitale logistique d'Al-Qaida), George Bush revient très vite au terme même de sa campagne électorale. « Je me suis décidé, décrète-t-il, Saddam doit partir. » On ne saurait mieux signifier au reste du monde le retour à une vision strictement américano-américaine de l'action extérieure des États-Unis, le repli sur une vision stratégique où seuls commandent les intérêts américains qui sont définis par le Pentagone. Le retour à une vision idéologique, où domine l'hostilité à Bill Clinton, la dénonciation de son inclination « multilatéraliste », notamment par Madame Rice.

Il y a, en effet, aux États-Unis un système de forces nées de la Guerre Froide, que Eisenhower lui-même dénonça lorsqu'il fustigea dans son dernier discours le « complexe militaro-industriel » ; ce complexe pourrait désormais être baptisé « sécuritaro-industriel » : ce sont, pêle-mêle, des forces de police, des magistrats très attachés à la peine de mort dont la figure emblématique est le ministre de la Justice, John Ashcroft, des systèmes d'écoute surdimensionnés – qui permettent de tout savoir du conseil d'administration d'une firme aéronautique européenne, mais qui ont été incapables de décrypter à temps les conversations entre membres d'Al-Qaida préparant un attentat –, des forces spéciales du type de celles qui ont opéré en Afghanistan. Bref, tout ce complexe est idéologiquement influencé par l'ultra-droite américaine. Son renforcement est préoccupant. Son influence paraît grandissante. N'est-ce pas Colin Powell lui-même qui, dans ses mémoires, n'était pas loin de considérer l'actuel vice-président Dick Cheney, ou un homme comme Richard Perle, comme d'authentiques représentants de l'extrême-droite ?

À une définition étroite des intérêts américains, liée elle-même aux échéances électorales propres à l'Amérique, s'ajoutent deux données fortes qui, hormis le cas de la Grande-Bretagne, contribuent et contribueront à éloigner l'Amérique de l'Europe. D'une part le choix d'une alliance privilégiée avec la Russie : manifestement Georges W. Bush a choisi de faire de Vladimir Poutine son allié privilégié, quitte à permettre à ce dernier de se détacher progressivement de l'évolution démocratique qui était engagée en Russie. Cela vaut aussi bien pour les méthodes employées par l'armée russe en Tchétchénie que pour le lent et inexorable grignotage des libertés qui font dire à certains observateurs que l'on assiste à une « resoviétisation » du système. D'autre part, à ce nouvel « axe » Washington-Moscou s'ajoute une conception très offensive de l'OTAN. L'ancienne et toujours présente organisation de défense devient progressivement aux yeux des États-Unis un instrument destiné à offrir un cadre aux anciens pays de l'Europe de l'Est, comme peut-être demain à la Russie, qui leur permette de contourner ou de neutraliser les objectifs de l'Union européenne. Pour parler à la manière simple de George W. Bush, j'utiliserai volontiers une image. Les Britanniques se souviennent sûrement de ce que disait Lord Ismay de l'OTAN naissante dont l'objectif était selon lui de : « *Keep the Yanks in ; keep the Russians out ; keep the Germans down.* » À mes yeux, George Bush n'est pas loin de lui substituer la formule suivante : « *Keep the Yanks out ; keep the Russians in and keep the Europeans down.* » [2] Autrement dit, dans un nouveau partage des rôles, faire que Washington et Moscou décident seuls du destin de l'Europe au moment où celle-ci devrait au contraire s'affirmer. Non pas s'affirmer contre les États-Unis, mais à côté des États-Unis. À la condition d'admettre, selon la très juste expression de Joshka Fisher, que les Européens doivent être pour les États-Unis des « partenaires » et non des « satellites ». Vœu pieux, direz-vous ; car pour le moment, on ne voit poindre ni une puissance, ni même une influence européenne, qui serait l'une ou l'autre, le fondement de ce partenariat ; pour le moment, en effet, on ne voit qu'une Europe divisée ; et ni Blair, ni Chirac n'ont su – faute peut-être de

---

2. « Garder les Américains dans le coup, les Russes en dehors et les Allemands à terre ». « Garder les Américains en dehors du coup, les Russes dedans et les Européens à terre. »

s'être battus ensemble – ou n'ont pu infléchir à temps la décision américaine.

Walter Wells

La France affecte d'ignorer superbement la stabilité européenne et le pacte de croissance malgré les accords qu'elle a signés et la forte désapprobation des autres membres de l'Union. Cela ne revient pas à entrer en guerre, mais c'est faire preuve d'un mépris évident à l'égard de ses partenaires dans une cause fragile, et pourtant vitale.

Jean-Marie Colombani

Revenons au fond du problème, le terrorisme. Celui d'un mouvement constitué « pour tuer les croisés et les juifs », qui cherche surtout à bloquer tout processus démocratique dans l'immensité des pays arabo-musulmans. Peut-être y a-t-il dans le substrat de l'attitude européenne l'idée inavouée qu'un peu de complaisance permettra à l'Europe de passer entre les gouttes. Si tel était le cas, ce serait une erreur.

Dans une telle situation, pourquoi ne pas se souvenir de ce qui a fondé la cohésion entre l'Europe et les États-Unis ? Elle se résume dans l'évocation de deux figures historiques : Keynes et Kennan. Keynes, c'est l'homme qui a inspiré les politiques de développement conduites des deux côtés de l'Atlantique selon un modèle qui a fait autant de place au social qu'au libéral. Kennan [3] est le sous-secrétaire d'État qui a inventé la notion de *containment* pour faire pièce à l'expansionnisme soviétique. En lieu et place, George Bush et Donald Rumsfeld nous proposent le couple « protectionnisme et guerre préventive ». Il faut souhaiter que des deux côtés de l'Atlantique,

---

3. George Kennan (né en 1904), diplomate et historien américain, fut l'un des acteurs de la politique des États-Unis après-guerre. Il développa en particulier la théorie du *containment* vis-à-vis de l'URSS et joua un rôle majeur dans la reconsruction du Japon et dans l'application du plan Marshall en Europe.

les partisans du développement et du *containment* reprennent le dessus. Ce qui signifie revenir à une conscience suffisamment forte de l'interdépendance pour que le développement redevienne une priorité entre les deux rives de l'Atlantique. Il faudrait également réinventer une doctrine stratégique qui permette de souder les intérêts des uns et des autres. À charge pour les Européens d'en élaborer une. Quand Chirac met en avant un monde multipolaire, il fait plus un constat qu'il n'énonce une doctrine. De même, lorsque Blair contredit cette vision d'un monde multipolaire, il décrit davantage la politique britannique qu'il n'énonce une doctrine stratégique qui soit susceptible de répondre aux urgences de l'époque que sont la lutte contre le terrorisme et la promotion de la démocratie. J'ai donc le sentiment que des deux côtés, nous sommes en panne. En panne de volonté politique et en panne de doctrine alternative qui permette de repartir sur des bases saines.

Walter Wells

La politique de *containment* n'est pas née avec la fameuse lettre de George Kennan en 1947, la « X Letter ». Elle a émergé au moment où les complications de l'après-guerre sont devenues claires. L'Union soviétique représentait une menace croissante pour les valeurs et la stabilité occidentales, et il était impensable qu'après avoir vécu la guerre la plus grande et la plus meurtrière de tous les temps, et avoir vécu deux guerres mondiales presque en l'espace d'une seule génération, que tous les efforts possibles ne soient pas déployés pour en éviter une autre. Heureusement, l'alliance destinée à protéger l'Ouest a joué son rôle, même en présence de chamailleries parfois fréquentes entre l'Amérique et ses alliés européens.

Aujourd'hui, la menace sur notre stabilité et nos valeurs a été identifiée de manière convaincante comme étant le terrorisme global mis à exécution par un islamisme violent. L'impasse actuelle est la conséquence de l'attaque contre l'Amérique en septembre 2001. Le fait que Saddam Hussein n'ait apparemment rien à voir avec le 11 septembre est presque devenu – et ce peut-être stupidement – sans rapport avec l'aventure iraquienne. L'administration Bush a acquis la conviction que tout cela baigne dans la même atmosphère empoisonnée, dans le même incubateur fétide. L'Irak de Saddam était perçu comme la clef de voûte : renversez-le, et vous commencerez à éliminer le poison, à ouvrir le chemin d'une solution pour Israël et à battre l'activisme nerveux dans le monde arabe.

Le terrorisme islamiste constitue la nouvelle pression qui déstabilise notre monde. Nous finirons bien – probablement, et c'est regrettable, après une autre série d'horribles attaques – par nous entendre pour mettre en place un véritable plan de bataille multilatéral afin de le combattre efficacement. Il serait absurde de penser que cette stratégie peut se passer d'alliance.

Pour en revenir au sujet, le type de terrorisme qui s'est exprimé comme une menace globale fait partie d'une stratégie calculée, mise au service d'une cause pervertie et désespérée. Comme bon nombre de causes qui ont fini perverties et désespérées, il prend racine dans un sentiment néanmoins compréhensible et logique. Dans un monde qui – aux yeux des islamistes politiques violents – ne cherche qu'à les emmurer, les bannir, tuer leurs leaders à coups de tirs de missiles ciblés, et qui veut maintenant détruire les gouvernements des pays islamiques, on ne se pose même pas le problème de justifier les représailles. Dans leur esprit, la faute revient entièrement à l'Occident. De plus, la cause islamiste n'est pas temporelle : leur référence, c'est l'éternité à laquelle renvoie la figure du martyr. La seule manière pour eux d'échapper au bourbier dont ils sont prisonniers est de mourir, et s'ils meurent en martyrs pour la cause, ils gagnent leur paradis. C'est la clef du Royaume.

La nature même du terrorisme implique une alliance forte et déterminée. Mais nous – j'entends l'alliance qui a présidé à la paix et à la prospérité depuis un demi-siècle –, nous n'avons pas adopté cette solution. Nous ne nous sommes pas accordés sur la nature de la menace, nous ne nous sommes pas accordés sur la stratégie à adopter pour l'affronter, ni sur nos objectifs. Même au sein de l'administration Bush, il n'existe pas de consensus pour dire que l'Irak représentait une menace terroriste.

Évidemment, la vieille alliance occidentale doit se reconstruire et s'étendre à toutes les nations susceptibles d'en faire partie. Peut-être les difficultés que rencontre l'administration américaine dans la pacification de l'Irak aideront-elles à réaliser cette reconstruction. La réponse dépendra de l'attitude des Américains : soit ils se montreront arrogants et exigeants dans leur façon de réclamer de l'aide, soit ils se comporteront avec plus de bon sens qu'au moment où ils ont quitté les Nations unies. Elle dépend aussi de l'intérêt que verront Chirac et Villepin à sauver ce mariage. De toute évidence, si les Français s'entêtent dans leur opposition, ce n'est pas à un divorce que l'on en viendra, mais à un enterrement.

Quant au combat contre le terrorisme – si les dernières nouvelles sont exactes –, il est clair, à voir la manière dont les forces terroristes se sont déversées en Irak pour combattre les troupes américaines et britanniques, mais aussi manifestement pour viser les Nations unies et les nouveaux leaders irakiens, qu'il s'agit d'un champ de bataille aussi important que l'Afghanistan. George Bush lui-même reconnaît aujourd'hui que la guerre ne s'est pas terminée le 1er mai. Nous sommes bien en deçà de la situation à laquelle nous étions arrivés au Vietnam – 15 ans d'engagement, 58 000 morts américains. Mais si ce n'est pas un marécage, je me demande ce que c'est. Il est évident qu'il ne s'agit pas d'un épisode de *Pleasantville*, ainsi que Madame Rice semble vouloir le présenter. Les pertes humaines ne sont qu'un signe parmi d'autres de cette résistance croissante et efficace, voire de cette insurrection. Les missiles téléguidés et les bombes « intelligentes » ne se révèlent pas aussi efficaces qu'on les imaginait contre les actes de résistance que Saddam

Hussein a promis au monde. Tous, nous avons méprisé ces avertissements dont nous n'avons retenu que les effets de rhétorique exagérés de Saddam. Il semble bien aujourd'hui que, s'il mentait sur les armes de destruction massive, il ne mentait pas sur le piège qu'il tendait.

La nature du terrorisme implique que le recours au seul *containment* ne sera pas une stratégie suffisamment efficace. L'un des éléments clés de la politique de *containment* consistait à n'arrêter le communisme que là où il se heurtait à une force qui le dépassait (*unanswerable force*) [4]. De plus, n'oublions pas que l'Amérique conservatrice avait jeté l'anathème sur le *containment*. Dès le début, les Républicains ont mené une guerre politique contre cette idée, en l'identifiant à une politique d'apaisement – de la même manière, ils ont identifié les débats suscités par les Français aux Nations unies à une politique d'apaisement –, et ont appelé à une croisade pour libérer les peuples asservis par le « communisme athée ». Bien qu'en fait, les administrations Eisenhower et Nixon aient été des praticiens habiles de la politique de Kennan, ils l'ont condamnée dans leurs discours.

L'idée que Kennan traduit par *unanswerable force* désigne le rempart envisagé par la politique américaine pour faire face au terrorisme – même si le terrorisme est trop diffus et les terroristes trop enclins à l'initiative indépendante pour que cette défense soit efficace à 100 %. Il faudra donc inventer une nouvelle forme de *containment* et recourir à une *unanswerable force* d'un nouvel ordre. Cette démarche implique de recourir à des tactiques de choc et d'intimidation, capables de convaincre les stratèges de cette violence que, plus encore qu'eux-mêmes, c'est leur cause qu'ils risquent de perdre. Elle suppose de consentir à entrer en guerre, y compris en guerre préventive, éventuellement de manière unilatérale.

En comparaison, tout diabolique qu'il ait pu être, le communisme n'était pas illogique. L'Amérique a, certes, haï cette idéologie et ses méthodes, mais il lui était quand

---

4. *Foreign Affairs*, XXV, n° 4, juillet 1947, 566-82.

même possible de l'endiguer. Chacun des adversaires a développé le « plan MAD », le plan de destruction mutuelle assurée, qui n'était peut-être pas aussi fou qu'il paraissait [5]. Des deux côtés, on savait que l'ennemi n'utiliserait pas l'arme nucléaire. Ce qui ne doit pas laisser supposer que nous ne nous en servirons jamais contre Ben Laden ou ses disciples. Autre différence, l'Amérique ne peut pas offrir son resplendissant bouclier contre cette nouvelle menace comme elle proposait sa protection grâce à son parapluie nucléaire. Il n'y aucune négociation possible, aucun donnant-donnant. Cette situation nous désoriente profondément. Le nouvel ordre mondial se révèle encore plus angoissant que l'ancien. Comprendre la menace, prendre conscience de notre vulnérabilité, développer une stratégie pour l'affronter et créer une nouvelle interdépendance avec l'adversaire, c'est tout cela qui est à l'ordre du jour. Pour nous, c'est un défi, et l'immensité de la tâche semble encore plus décourageante quand on pense à la médiocrité de nos dirigeants, Bush et Chirac.

Parviendrons-nous à accomplir cette évolution ? En général, la politique ne m'invite guère à l'optimisme. Dans notre monde, les électeurs ont tendance à choisir un candidat par opportunisme et nos élus adaptent leurs tactiques et leurs stratégies selon l'opportunisme des situations. C'est pourquoi, en dépit des problèmes auxquels Bush doit répondre, et ils ne font qu'augmenter de jour en jour, je ne m'attends absolument pas à ce qu'il soit battu l'année prochaine. Le gouvernement américain va vraisemblablement devoir assumer un déficit galopant, mais Bush ne rencontrera aucune difficulté dans sa campagne électorale. Nous ne sommes pas si loin de la réalité quand nous affirmons que Bush a des ressources pratiquement illimitées pour sa réélection. Pas seulement en argent : il a aussi une machine électorale dynamique et efficace, qui transforme la situation en Irak en quelque chose d'assez agréable (« Les enfants ont été à l'école aujourd'hui »),

5. MAD : *Mutual Assured Destruction*. Mais le mot anglais « *mad* » signifie également « fou ».

même s'il ne peut pas vraiment crier victoire. Il ne suffit pas de rappeler que les enfants ont été en classe aujourd'hui : l'effort pour reconstruire l'Irak est assimilé au plan Marshall, ce qui signifie, bien sûr, que cette guerre est assimilée à la Seconde Guerre mondiale, donc à la manière, ô combien mémorable !, dont elle a été menée.

La désignation du candidat démocrate est loin d'être évidente, et bien des choses peuvent se produire en un an, mais les chances seront contre lui. Il obtiendra l'investiture du parti à l'issue d'une lutte longue et meurtrière, dont le parti sortira encore plus affaibli qu'il ne l'est aujourd'hui – et il n'aura pas assez de moyens financiers pour rivaliser avec Bush.

Contrairement à Tony Blair – le meilleur d'entre tous, le seul chef de gouvernement à se situer au-dessus de la médiocrité –, l'un des points que Bush ne sera pas tenu de défendre lors de sa campagne est que l'Amérique a eu raison d'entrer en guerre. Il n'avait guère besoin de l'appui que lui auraient donné les Nations unies en mars, et il n'en a toujours pas besoin pour justifier sa décision.

Malgré toutes les difficultés qui ont suivi le 1er mai, il faut se rendre à l'idée que renverser Saddam Hussein n'était en rien une erreur. Quant à l'absence d'autorisation des Nations unies, rappelons-nous que toutes les fois où les États-Unis ont jugé la guerre justifiée, ils ont trouvé un moyen de livrer bataille. Bush a rassemblé une coalition lorsque ses efforts aux Nations unies ont échoué. Au Vietnam, Lyndon Johnson avait pris sa « Résolution du golfe du Tonkin » à la suite d'un accident monté de toutes pièces. Nixon a mené une « incursion » au Cambodge sans que quiconque soit au courant, à l'exception d'Henry Kissinger et des pilotes qui conduisaient les raids de bombardement. Nous avons pilonné les résidences de Kadafi après l'attentat contre le vol de la Pan Am, nous avons chassé Noriega du Panama, nous avons écrasé une rébellion en République dominicaine, nous avons débarqué des troupes en Somalie, nous avons envoyé des missiles sur ce que nous pensions être l'usine de Ben Laden en Afgha-

nistan. Les exemples d'actions préventives et unilaté-
rales des Américains sont innombrables. Et nous ne
sommes pas les seuls. C'est ce qu'ont fait, uns après les
autres, les gouvernements anglais en Irlande du Nord et
Charles Hernu en Nouvelle-Zélande.

Soyons honnêtes. Les gouvernements privilégient le
bien-être de leurs pays. L'Amérique s'est engagée dans la
guerre en Irak avec un mépris évident pour l'opinion
d'un bon nombre de ses alliés traditionnels. Mais l'un
d'entre eux, l'Allemagne, avait des raisons internes
majeures pour réagir : Schröder voulait être réélu. L'argument selon lequel la France s'est rebellée à cause de
l'activisme grandissant de votre population islamique
peut également convaincre. Les considérations inté-
rieures et les intérêts personnels ne sont jamais absents
de ce genre de crise.

Jean-Marie Colombani

À ce stade, il nous faut rappeler quels sont les enjeux,
en partant d'une idée : la gravité, la virulence du désaccord franco-américain, la gravité de la discorde transatlantique rendent à mes yeux indispensable de recréer, à
l'issue de la crise irakienne, une convergence de long
terme entre les deux rives de l'Atlantique.

Quels sont nos défis ? Ils tournent autour de deux questions, une fois admise l'idée que les États-Unis n'ont pas
davantage inventé aujourd'hui le terrorisme d'Al Qaida
qu'ils n'avaient inventé hier le stalinisme ou le nazisme ; ce
traumatisme du 11 septembre, et la menace permanente
d'être frappé à tout moment, est en effet largement sous-
estimé en Europe. Première question : existe-t-il entre
Américains et Européens une vision du monde commune,
ou au moins convergente à long terme ? Deuxième question : peut-on s'accorder sur la nature de la menace et
donc sur le meilleur moyen de la contrer ?

Commençons par la deuxième : à la fin de l'année
2003, lors d'un débat organisé par *Le Monde*, le ministre
français Dominique de Villepin s'est récrié : « Il n'y a pas

de crise » entre la France et les États-Unis ; à preuve, le support que la France apporte à travers la mobilisation de ses moyens de renseignement et de police dans la lutte contre le terrorisme ; à preuve les nombreux points de rencontre entre les deux pays. Ce qui tiendrait à montrer qu'il y a analyse commune et adhésion à l'idée d'un minimum de lutte commune. J'ignore si, côté américain, cette vision positive est partagée.

La première question est apparemment au cœur du divorce : d'un côté le bon Jacques, héraut de la « multipolarité », de l'autre le méchant George et son monde « unilatéral ». En fait, dire « le monde doit être multipolaire » n'est pas l'énoncé d'une politique mais la mise en forme d'un constat. Multipolaire ne signifie pas sécurité automatique, ou monde plus juste. De la même façon, un monde unipolaire peut s'appuyer sur des mécanismes multilatéraux, comme le préconise Tony Blair. La vraie difficulté sous-jacente est de sonder les reins et les cœurs : le fond de l'attitude française n'est-il pas de considérer, en fait, que l'hyperpuissance américaine et l'usage qui est fait de celle-ci sont un danger pour la paix et l'équilibre mondial. Autrement dit : le but de la France n'est-il pas de rechercher l'affaiblissement des États-Unis ? Comment comprendre autrement la recherche d'un axe avec Moscou ?

Cette crainte renvoie, comme d'ailleurs tout grand sujet, à l'idée que nous nous faisons de l'Europe. Celle-ci doit-elle continuer de se construire en alliance avec l'Amérique, en partenariat avec elle, ou n'a-t-elle du sens que si elle en devient un contrepoids, bref si elle se construit contre l'Amérique ? Il me semble que de Védrine à Villepin, c'est l'idée du contrepoids qui l'emporte. Chirac, qui sait ? De ce point de vue Alain Minc n'a pas tort de suggérer que la France, si elle s'inscrivait dans un tel schéma, poursuivrait une chimère aussi illusoire que le fut le mouvement des non-alignés, qui domina pendant les années 1960 ; ce serait en tous cas tourner le dos à une perspective historique qui doit inciter la France à tout faire pour assurer et assumer le coleadership, avec Londres et Berlin, de l'Union en construction.

Après tout, de Gaulle se voulait un allié exigeant, parfois même intransigeant ; et tous les premiers ministres britanniques cherchent à être des alliés influents. Entre les deux, une voie européenne doit bien exister. Il faudrait simplement commencer de la chercher plutôt que de poursuivre cette recherche en ordre dispersé. Cela suppose que l'on soit d'accord pour récuser l'idée que l'Europe puisse se bâtir contre les États-Unis. Cela suppose que la France revienne au respect des règles décentes de vie entre alliés. Chirac l'a sans doute oublié, mais au plus fort de la querelle de Mururoa, déclenchée par la reprise des essais nucléaires français en 1995, en Polynésie, il fut soutenu par Londres, Bonn et Washington au nom d'une certaine idée de l'alliance, alors que le reste du monde dénonçait la France.

Bref, il est urgent de réfléchir ensemble à un partenariat nouveau. Le préalable, pour moi, réside dans l'élaboration d'une doctrine stratégique qui intègre de la notion de développement. Prenons le sort tragique de l'Afrique qui nous concerne tous. La rivalité qui prévaut bien souvent avec l'Amérique est absurde, contre-productive, elle se fait sur le dos des Africains. Le développement doit donc être un élément clef de cette réflexion.

Ce renouveau passerait probablement mieux, encore une fois, si les dirigeants changeaient. À tout prendre, un Français préférera toujours, même si elle est excessive, la posture d'un Chirac à celle d'un Berlusconi ou d'un Aznar. Malheureusement, l'équipe actuelle autour de Bush ne changera pas : elle continuera, avec un parfait cynisme à œuvrer à la division de l'Europe.

La question est de savoir si ce clivage est voué à se creuser, ou si des dirigeants suffisamment responsables considéreront que cette ligne est dangereuse.

Walter Wells

Je suppose qu'il y a une autre option : la fissure entre la France et l'Amérique peut tout simplement en rester au point où elle est – le *statu quo* est possible dans les relations entre deux pays à condition que l'on en prenne soin. Un certain degré de *statu quo* – mais pas le degré actuel, qui est assez bas – peut même être nécessaire pendant un temps, une fois que notre brouille profonde et virulente aura été dépassée. Il m'arrive maintenant de voir dans les journaux des photos de Bush et de Chirac qui se sourient l'un à l'autre devant les caméras. Mais la pose pour une photo ne vaut pas réconciliation. Ils continuent de jouer un jeu d'écoliers : c'est à celui qui clignera des yeux le premier.

Indépendamment des différends politiques, la manière dont l'administration Bush a réussi à diaboliser la France reste un mystère à mes yeux. Ce qui me décontenance surtout, c'est de voir combien la bonne vieille Amérique a pu approuver un tel dénigrement. Je trouve ahurissant que dans ce monde, riche par sa diversité et saturé de « politiquement correct », nous trouvions acceptable, voire chic, de traiter notre plus vieil allié comme notre pire ennemi. Les blagues ethniques sont interdites aujourd'hui aux États-Unis – comme il se doit. Sauf les blagues sur les Français.

Je viens juste de lire un essai intéressant, qui défend l'idée que l'Amérique de Bush se sent plus attirée par l'Allemagne que par la France, parce que États-Unis et Allemagne ont tous deux des images masculines – armes, grosses cylindrées, solidité. Alors que la France est assimilée à des plaisirs « féminins », l'art, le parfum, la mode, la cuisine. Peut-être que les Français et les Américains, comme les hommes et les femmes, viennent-ils de planètes différentes – au sens figuré, s'entend.

À mon sens, le seul indice qui puisse expliquer pourquoi l'Amérique s'est révélé être un terrain si fertile dans cette campagne de dénigrement est tiré de l'Histoire. Colin Powell nous a comparés à des associés qui auraient donné des conseils en matière de mariage pendant 225 ans. En fait, notre histoire commune a pavé la route qui nous a mené à l'impasse actuelle. Nous n'avons pas besoin de ressusciter de Gaulle et l'OTAN, ni de revisiter Suez ou le Vietnam. Tout au long de l'Histoire, les Français ont fait preuve d'un refus étonnament pérenne de soutenir l'Amérique.

Aujourd'hui, nous ne voulons sûrement pas revenir sur les peines et angoisses de la Seconde Guerre mondiale et de l'Occupation, tout comme nous n'avons pas besoin d'ajouter un mot de plus sur la place qu'occupe le 6 juin 1944 dans la mentalité américaine.

Néanmoins, il existe un autre point, au sujet de la période de Vichy, dont la signification obscure me semble avoir grandi dans l'esprit des Américains et affecté leur perception de la France, alors même que les souvenirs de la guerre se sont estompés. Ils perçoivent les Français comme des gens qui ont participé à l'extermination des Juifs. J'ai bien dit « perçoivent ». Et je ne crois pas que vous puissiez admettre l'importance de ce phénomène, qui s'esquisse dans une très large part du peuple américain, en tout cas parmi les faiseurs d'opinion. Il est d'ailleurs renforcé par les liens historiques qui unissent la France et le monde arabe et par l'impression que l'État français reste passif devant la vandalisation des cimetières juifs et les incendies de synagogues et d'écoles. Chirac, il est vrai, a condamné ce vandalimse quand il a déposé une couronne au Mémorial de la déportation : il a accepté d'en assumer la responsabilité au nom du peuple français et d'être critiqué pour cela. La France n'est pas un pays antisémite – le plus clairement du monde, elle ne l'est pas. Je suis parfaitement d'accord avec l'argument que vous avez défendu plus haut : cet antiaméricanisme n'a rien à voir avec l'antisémitisme. Mais j'espère que vous accepterez l'argument selon lequel, pour une partie importante, bien déterminée et influente de l'opinion américaine, il existe une corrélation directe. Le temps ne guérit pas toujours les blessures. Je pense qu'au cours de ces cinquante dernières années, dans l'esprit des Américains, une part de la responsabilité de l'Holocauste a coulé vers l'Ouest, a traversé le Rhin. Même si la pure vérité était que la France n'avait eu aucune responsabilité, même si la pure vérité était que la collaboration française était de moindre mesure, même si la pure vérité était que tout ce qui inspire cette perception était faux, ce ne serait pas assez.

La France se pose en modèle. Aux pays qui aspirent à la démocratie, elle propose ses valeurs qu'elle décrit comme supérieures et se présente elle-même comme une référence plus solide que l'Amérique. Elle est le premier ou le second dépositaire de la vérité universelle – l'Amérique étant l'alternative. Surprise, donc, lorsque la France demande des comptes à l'Amérique – sur l'Irak ou un autre dossier – : les Américains qui se souviennent de la guerre et connaissent l'histoire française ripostent en lui rappelant qu'au moment où cela avait le plus d'importance, la France n'a pas été capable de se montrer fidèle à ses propres exigences. Le pays qui revendique la primauté du concept des Droits de l'Homme ne peut s'attendre à moins qu'à une telle riposte.

Si nous ne pouvons pas regarder l'Histoire en face, je crois que nous ne pourrons jamais la dépasser. Mon propre pays n'a certainement jamais surmonté les conséquences réellement atroces de l'esclavage. Le mythe qui veut que de Gaulle ait participé à la reconstruction dans les années d'après-guerre n'a pas aidé la France à assumer ses responsabilités et sa culpabilité. Le cran et le courage dont a fait preuve Chirac en déposant cette couronne appuie mon argument.

Jean-Marie Colombani

La grille de lecture que les Français et les Américains devraient partager est que la mondialisation a d'abord eu pour vertu d'étendre le champ de la démocratie. La mondialisation est toujours considérée sous son angle économique et elle est synonyme de spécialisation internationale, donc de délocalisation, donc de chômage dans l'acception qui se développe désormais en Europe, sous l'influence des altermondialistes. À ceci près que la mondialisation est aussi synonyme de création de richesse à marche forcée, comme on peut le voir dans toute l'Asie, au Brésil, etc. La dialectique avec la critique altermondialiste devrait conduire à mieux organiser l'économie internationale, à faire progresser les régulations planétaires.

La deuxième grille de lecture qui rapproche les uns et les autres devrait être la certitude, née de l'histoire du xxᵉ siècle, que le protectionnisme et le nationalisme produisent la guerre, et qu'en revanche le développement et la libéralisation des échanges sont une source de progrès, de pacification. Le problème c'est que les États-Unis ont paru s'écarter de ce credo, voire lui tourner le dos.

Les États-Unis, comme les Européens, doivent aussi redéfinir leur conception de l'OTAN. Ne serait-ce que pour conduire au mieux la transition qui nous sépare d'une véritable défense européenne. À cet égard, le changement des alliances révèle un jeu dangereux, me semble-t-il, entre la solennisation par les États-Unis de leur alliance avec la Russie, comme si la Russie de Poutine était la meilleure alliée et à l'inverse, les efforts de Chirac de constituer un axe Paris-Berlin-Moscou qui n'a aucun sens autre que celui que Poutine, ce grand démocrate, voudra bien lui donner. À charge pour la France de bien redéfinir ce qu'elle veut, elle qui semble parfois hésiter entre l'adhésion à la ligue arabe et son rôle comme membre qui se voudrait influent de l'alliance atlantique. Ce grand écart-là est dérisoire et parfaitement incantatoire. L'incantation a peut-être été efficace à un moment de mobilisation de l'opinion publique contre la guerre en Irak. Mais elle ne peut pas tenir lieu de stratégie. À l'inverse, pour les États-Unis, faire de l'OTAN une arme contre l'Union européenne est une démarche dévastatrice.

Je ne crois pas à un axe Paris-Berlin-Moscou. Je le crois mortifère, car bénir ainsi une entreprise de resoviétisation de la Russie, de redictaturisation de la Russie est une faute. Tout cela pour faire pièce à des Américains qui semblent avoir décidé de faire de Moscou leur point d'appui principal et de diviser l'Europe. Ce jeu-là est un jeu perdant-perdant. L'Europe a évidemment plus à perdre, mais les deux perdront. Il faut donc repenser ces choix stratégiques.

Le sort de la situation au Proche-Orient aidera ou, au contraire, rendra plus imprévisible le contexte international. Si les États-Unis redeviennent facteur de paix au Proche-Orient en l'imposant, cela validerait une stratégie américaine sur le terrain, et démentirait une contre-stratégie française appuyée sur Damas, sur Arafat, sur un panarabisme qui est incantatoire et de plus en plus antisémite.

Sans cesser d'être critique sur le cours de la politique américaine, je crains que la France se retrouve demain dans la position qui fut celle des pays arabes : condamnés à l'incantation, incapables de construction. L'incantation est peut-être satisfaisante pour l'ego national, mais certainement pas pour l'avenir de la France. En même temps, j'ai confiance. La France n'est pas vouée au chiraquisme. Elle garde une haute idée d'elle-même, elle a des ressources prodigieuses, elle jouera un rôle positif : depuis la décolonisation, elle a le plus souvent fait les bons choix dans les moments importants.

Walter Wells

L'expression américaine juste est peut-être « *to cut off your nose to spite your face* » (se couper le nez pour punir son visage). Mais dans ce contexte, une expression anglaise me vient également à l'esprit : « *loyal opposition* » (l'opposition loyale). Les Américains ont tout simplement pensé que l'opposition de Chirac au sujet de l'Irak – valable ou non – était déloyale et, là encore, je rappelle l'exemple du Canada, allié loyal qui souvent n'est pas d'accord, notamment quand l'Amérique mène une politique étrangère agressive.

Cette obsession au sujet des États-Unis est angoissante, parce que comme vous je pense qu'elle entraîne un engrenage d'autodestruction. Elle est nuisible aussi car elle peut induire des conclusions erronées – comme la conviction que les États-Unis ont élaboré tout un plan pour détruire l'Europe et qu'ils utilisent en particulier l'OTAN dans ce dessein.

Maintenir la paix et la stabilité est dans l'intérêt de l'Amérique. Désunir l'Europe n'est son intérêt ni politique, ni économique. Nous ne craignons pas d'affronter la concurrence économique de l'Europe ni de quiconque, parce que notre économie est de celles qui prospèrent dans la compétition et se développent dans le libre-marché. Des tarifs restrictifs – comme ceux qui ont déclenché la Grande Dépression ou, récemment, comme les fâcheux tarifs de Bush sur l'acier – peuvent causer une stagnation ou une atrophie de l'économie. Pourquoi devrions-nous craindre la concurrence de l'Europe ? La plupart des encouragements économiques que l'Amérique a donnés à l'Europe au cours des dernières décennies a eu pour objectif d'améliorer la compétitivité de celle-ci, ce qui, inévitablement, implique qu'elle entre en concurrence avec la seule économie dominante, celle des États-Unis. Pourquoi ? Parce que les marchés libéralisés sont une bonne chose : ils sont bons pour l'Amérique, et – ce n'est d'ailleurs pas une conséquence annexe – il sont bons pour l'Europe. L'ALENA, – encouragée avec vigueur par l'administration Clinton et soutenue de façon démonstrative par chaque président encore en vie – a exposé l'Amérique à une compétition beaucoup plus immédiate que ne le sera avant bien longtemps une Europe unie.

Nous n'essayons pas de détruire l'Europe, mais l'obsession ici, en France, de « l'hégémonie américaine » se métamorphose en « diabolisation de l'Amérique ». C'est ce qui a permis aux Européens de se convaincre qu'ils sont les cibles de cet ogre. Quand l'Europe présente un front uni sur la politique extérieure, l'Amérique négocie avec Javier Solana ou avec la personne déléguée pour mener une seule et unique politique. Mais, jusqu'à preuve du contraire, la remarque d'Henry Kissinger reste d'actualité : est-ce qu'enfin l'Europe a un seul et unique numéro de téléphone ? Tant que ce ne sera pas le cas, les États-Unis continueront à négocier avec les différentes nations, non avec un responsable unique à Bruxelles. On peut difficilement reprocher aux États-Unis le fait que la politique américaine est centralisée et la politique européenne diffuse et toujours informelle.

L'Amérique n'essaie pas plus d'utiliser l'OTAN contre l'Europe qu'elle ne l'a fait du temps des missiles de croisière ou des gazoducs soviétiques qui traversaient l'Europe de l'Est jusqu'à la France. Ces désagréments causaient finalement moins de divisions que cette bataille-ci : aussi intenses et parfois amers qu'ils aient pu être, nous sommes restés alliés.

Cette fois encore nous le resterons. Il y a toujours, après une dispute sérieuse avec votre femme, un moment où vous réalisez combien vous avez été têtu. De part et d'autre de cette déchirure, nous avons suffisamment de recul pour voir comment cet engrenage s'est mis en marche – lors de la rentrée littéraire française de septembre 2003 sont sortis des livres tels que *La France qui tombe* [6] et d'autres ouvrages et essais journalistiques qui analysent l'échec de la France à s'emparer de la direction de l'Europe, par exemple. En Amérique, au moment où commence la course pour les présidentielles de 2004, des défis directs lancés à Bush mettent en cause la fiabilité des renseignements qui nous ont menés à la guerre, l'entêtement dans la résistance et le coût de ce conflit.

Un de ces jours, quand le parti Baas sera battu et l'Irak pacifié, quand les contrats pour reconstruire le pays auront été répartis et que les Irakiens auront un gouvernement indépendant qui puisse travailler sous la tutelle des Nations unies, nous reviendrons sans aucun doute aux vieilles disputes que nous avons toujours eues.

---

6. BAVEREZ, Nicolas, *La France qui tombe*, Paris, Perrin, 2003.

Bibliographie indicative

Nos Amis les Français, Guide pratique à l'usage des GI's en France 1944-45, Paris, Le Cherche-Midi Éditeur, 2003.

ANDRÉANI (Jacques), *L'Amérique et nous*, Paris, Odile Jacob, 2000.

BARBER (Benjamin), *L'Empire de la peur, terrorisme, guerre, démocratie*, Paris, Fayard, 2003.

BONIFACE (Pascal), *La France contre l'Empire*, Paris, Robert Laffont, 2003.

COGAN (Charles G.), *Alliés éternels, amis ombrageux : les États-Unis et la France depuis 1940*, Paris, Éditions LGDJ, 1999.

CRÉMIEU (Élizabeth), *Le Leadership américain*, Paris, Dunod, 1998.

XAVIER DE C*** et DEBRAY (Régis), *L'Édit de Caracalla, ou plai-doyer pour des États-Unis d'Occident*, Paris, Fayard, 2002.

DESPORTES (Vincent), *L'Amérique en armes : anatomie d'une puis-sance militaire*, Paris, Éditions Economica, 2002.

DUROSELLE (Jean-Baptiste), *La France et les États-Unis des origines à nos jours*, Paris, Seuil, 1976.

FUKUYAMA (Francis), *La Fin de l'histoire et le dernier homme*, Paris, Flammarion, 1992.

GLUCKSMANN (André), *Ouest contre Ouest*, Paris, Plon, 2003.

GORDON (Philip H.), « Bridging the Atlantic Divide », dans *Foreign Affairs*, janvier-février 2003.

GRASSET (Philippe), *Le Monde malade de l'Amérique*, Lyon, Éditions Chroniques sociales, 1999.

GUERLAIN (Pierre), *Miroirs transatlantiques : la France et les États-Unis entre passions et indifférences*, Paris, l'Harmattan, 1996.

GUISNEL (Jean), *Les Pires amis du monde : les relations franco-américaines à la fin du XXe siècle*, Paris, Stock, 1999.

HAASS (Richard N.), « Multilateralism for a Global Era », *Remarks to the Carnegie Endowment for International Peace*, Center on International Cooperation Conference, 14 novembre 2001.

HASSNER (Pierre) et VAISSE (Justin), *Washington et le monde, dilemmes d'une superpuissance*, Paris, Ceri-Autrement, 2003.

HOFFMANN (Stanley), *L'Amérique vraiment impériale*, Paris, Audibert, 2003.

How Did This Happen? Terrorism and the New War, édité par HOGE (James F. Jr.) et ROSE (Gideon), New York, *Public Affairs*, 2001.

HUNTINGTON (Samuel), *Le Choc des civilisations*, Paris, Odile Jacob, 1997.

JULLIARD (Jacques), *Rupture dans la civilisation, le révélateur irakien*, Paris, Gallimard, 2003.

KAGAN (Robert), *La Puissance et la faiblesse, les États-Unis et l'Europe dans le nouvel ordre mondial*, Paris, Plon, 2003.

KAGAN (Robert), « The Benevolent Empire », dans *Foreign Policy*, été 1998.

KASPI (André), *États-Unis, mal connus, mal compris, mal aimés*, Paris, Plon, 1999.

KISSINGER (Henry), *La Nouvelle Puissance américaine*, Paris, Fayard, 2003.

KORB (Lawrence J.), *A New National Security Strategy : In an Age of Terrorists, Tyrants and Weapons of Mass Destruction*, New York, Council on Foreign Relations. 2003.

KUISEL (Richard F.), *Le Miroir américain : 50 ans de regard français sur l'Amérique*, Paris, J.-C. Lattès, 1996.

KUPCHAN (Charles), *The End of the American Era : US Foreign Policy and The Geopolitics of The Twenty-First Century*, New York, A.Knopf, 2002.

LACORNE (Denis) sous la direction de, *L'Amérique dans les têtes, un siècle de fascinations et d'aversions,* Paris, Hachette, 1984.

LELIEVRE (Henry) sous la direction de, *Les États-Unis, maîtres du monde ?,* Bruxelles, Complexe, 1999.

MAILER (Norman), *Why Are We At War ?,* New York, Random House Trade Paperbacks, 2003.

MÉLANDRI (Pierre) et VAISSE (Justin), *L'Empire du milieu : les États-Unis et le monde depuis la fin de la Guerre froide*, Paris, Odile Jacob, 2001.

MOREAU-DEFARGES (Philippe), *Les États-Unis et la France, la puissance entre mythes et réalités*, Paris, Institut français des relations internationales, 1999.

NYE (Joseph S. Jr.), *The Paradox of American Power : Why The World's Only Superpower Can't Go it Alone*, Oxford and New York, Oxford University Press, 2002.

NOUILHAT (Yves-Henri), *Les États-Unis et le monde du xxᵉ siècle*, Paris, Armand Colin, 2002.

POLLACK (Kenneth M.), *The Threatening Storm : The Case for Invading Iraq*, New York, Random House, 2002.

POWELL (Colin L.), « Remarks at the World Economic Forum », Davos, Switzerland, 26 janvier 2003.

REVEL (Jean-François), *L'Obsession antiaméricaine, son fonctionnement, ses causes et ses inconséquences*, Paris, Plon, 2002.

ROGER (Philippe), *L'Ennemi américain : Généalogie de l'anti-américanisme français*, Paris, Seuil, 2002.

SARDAR (Ziauddin) et DAVIES (Merryl Wyn), *Pourquoi le monde déteste-t-il l'Amérique ?*, Paris, Fayard, 2002.

SERFATY (Simon), *La France vue par les États-Unis : Réflexions sur la Francophobie à Washington.* Paris, Institut français des relations internationales, 2002.

STANGER (Ted), *Sacrés Français : Un Américain nous regarde*, Paris, Éditions Michalon, 2003.

TODD (Emmanuel), *Après l'Empire, essai sur la décomposition du système américain*, Paris, Gallimard, 2002.

VAISSE (Justin), *Le Modèle américain*, Paris, Armand Colin, 1998.

VAISSE (Justin), « États-Unis : le regain francophobe », dans *Politique internationale*, n° 97, automne 2002.

VÉDRINE (Hubert), *Face à l'hyperpuissance : textes et discours, 1995-2003*, Paris, Fayard, 2003.

ZAKARIA (Fareed), *L'Avenir de la liberté : la démocratie illibérale aux États-Unis et dans le monde*, Paris, Odile Jacob, 2003.

ZUNZ (Oliver), *Le Siècle américain : essai sur l'essor d'une grande puissance*, Paris, Fayard, 2000.

Index